AF825011

Die

Kompetenz-Konflikte

in Preußen.

Von

Felix Primker,
Stadtrichter.

Non utendum imperio, ubi legibus uti potest!

Berlin.
Verlag von J. Guttentag.

1861.

Von einem Konflict der richterlichen und vollziehenden Gewalt kann nur in einem Staat gesprochen werden, wo das Prinzip der Volkssouveränetät anerkannt ist. Hier sind die drei Gewalten, in welche die im Volk ruhende eine und untheilbare Staatsgewalt zerlegt wird: die gesetzgebende, die richterliche und die vollziehende prinzipiell von einander getrennt und verschiedenen Subjecten zugetheilt, welche einen Kampf gegen einander führen können, bis es einem unter ihnen gelingt, sich zum alleinigen Souverän zu machen. Ein solcher Kampf ist dagegen undenkbar in dem monarchischen Staat, wo die gesammte Staatsgewalt in dem Oberhaupt des Staates vereinigt ist.[1]) Hier sind Gesetzgebung, Gericht, Regierung nur die drei Arten der Thätigkeit, in welcher der eine und ungetheilte Herrscherwille äußerlich sichtbar wird. Der Souverän kann durch eine Verfassung in der Ausübung seiner Hoheitsrechte mannigfach beschränkt sein; „nie aber kann es eine Gewalt neben dem Souverän geben, welche positiv etwas für das Ganze des Staates bewirken könnte."

---

[1]) Dies in Art. 57 der Wiener Schlußacte vom 15. Mai 1820 ausgesprochene monarchische Prinzip liegt gegenwärtig allen deutschen Verfassungen zu Grunde. v. Rönne, Staatsrecht der Preuß. Monarchie 1856 I. S. 107. Aretin und Rotteck, Staatsrecht der constit. Monarchie 1838 I. S. 173.

Stahl, Staatslehre 1856. S. 384, setzt dies monarchische Prinzip darin, daß die fürstliche Gewalt dem Rechte nach undurchdrungen über der Volksvertretung steht und daß der Fürst thatsächlich der Schwerpunkt der Verfassung, die positiv gestaltende Macht im Staate bleibe. Dies Prinzip zeigt sich in der Preußischen Verfassung vom 31. Januar 1850 insbesondere in dem absoluten Veto und dem Verordnungsrecht des Königs, sowie darin, daß der König rechtlich und moralisch unabhängig von Kammern und Ministern die Gewalt über die Kirche übt, ferner darin, daß den Kammern kein Steuerverweigerungsrecht zusteht.

Die Gerichtskollegien sind in einem solchen Staate gleich den Verwaltungsbehörden nur die Organe des Souveräns. Ihr Ansehen und ihre Schwäche stärkt und schwächt den Souverän. Es giebt kein denkbares Interesse, welches den Richter zu einem Kampf gegen die Verwaltung antreiben sollte.

Aller Unterschied zwischen Verwaltung und Justiz besteht nur in ihrer Function. Die Regierung ist die unmittelbar reale Versorgung der Zustände, welche permanent wirksam ist (Stahl, eod. S. 193), sie handelt und führt die Gesetze aus.

Das Gericht ist der Herrscherwille, welcher die Hindernisse, die der Herrschaft der Idee des Rechts in der sichtbaren Welt entgegenstehen, hinwegnimmt, d. h. sowohl dem Einzelnen, der in seinem Recht verletzt wird, Schutz gegen diese Verletzung gewährt, als auch durch das Aussprechen von Strafen das gebrochene Recht an sich ohne Rücksicht auf das individuelle Interesse wiederherstellt. Civilprozeß und Criminalprozeß bilden die beiden Formen, in welchen das Gericht als solches thätig werden kann. Rechtsprechen nach dem Gesetze, und **nur** nach dem Gesetze, ist der wesentliche Inhalt des Richteramtes. Die Vollstreckung des Spruches, die übrigen Geschäfte (freiwillige Gerichtsbarkeit, Vormundschaft, Hypothekenwesen), womit in manchen Staaten die Gerichte noch belastet sind, gehören nicht zu den nothwendigen Attributen des Richteramtes.

Das Rechtsprechen ist eine logische Function, ein Syllogismus,[2]) in welchem das geltende Gesetz den Obersatz, der Streitfall den Inhalt des Untersatzes bildet, so daß das Urtheil als Schlußsatz hervorgeht. Dieses Amt übt der Richter nicht als Gewaltinhaber, sondern nur als ein vom Staate verordneter Sachverständiger aus.[3]) Unabhängig ist der Richter nur als Rechtsprecher. In allen übrigen Beziehungen ist der Richter gleich jedem andern Beamten der Einwirkung des Souveräns unterworfen. Daß der Einfluß des Letzteren

---

[2]) Trendelenburg, Naturrecht auf dem Grunde der Ethik. Leipzig 1860. §. 76.

[3]) Jordan in Weiske's Rechtslexikon I S. 135 ff. Die Gerichte sind diejenigen Behörden, deren Technik im Rechtsprechen besteht. Der Staat muß die Aussprüche der Gerichte gegen sich ebenso gelten lassen, wie er es von seinen Unterthanen verlangt. Diese Unterwerfung ist nichts als eine Anerkennung des technischen Gutachtens der Behörde, welche der Staat selbst zur Ausübung dieser Technik autorisirt und mit der hierzu nöthigen obrigkeitlichen Gewalt versehen hat.

auf die Zusammensetzung der Gerichte und auf die Entscheidung der Beschwerden gegen richterliche Erkenntnisse und Verfügungen allmälig vermindert worden, hat seinen innern Grund nicht darin, daß der Souverän sich seines obersten Richteramtes zu Gunsten des Richterstandes begeben, daß der Richterstand daher als eine selbstständige Gewalt im Staate von dem Souverän anerkannt worden, sondern in dem Erkenuen, daß eine unparteiische Rechtspflege die sicherste Gewähr für die Fortdauer der Gewalt sei. Rechtsschutz gegen Verletzungen seiner Person und seines Vermögens ist das Mindeste, was jeder Staatsbürger verlangen, und was gewährt werden muß, wenn eine Monarchie bestehen will. Sicherheit, Freiheit, Eigenthum, die Vereinigung dieser Güter, sagt Fr. v. Gentz in seinem Sendschreiben bei der Thronbesteigung Friedrich Wilhelm's III. (Berlin 1797), füllt die ganze Sphäre der Wünsche und Erwartungen eines vernünftigen Wesens aus. Die, welche lehren möchten, daß es mit etwas weniger gethan sei, sind geheime Bundesgenossen oder unbewußte Mitarbeiter derer, welche mehr verlangen.

Die Ausübung des richterlichen Amtes durch unabhängige Richter ist das Einzige, wodurch sich eine absolute Monarchie von einer Despotie unterscheidet. Das richterliche Gehör muß deshalb unbeschränkt gestattet sein, sobald sich ein Einzelner über eine seiner Person und seinem Vermögen angethane Unbill beschwert, sollte sein Gegner auch der Souverän oder eine Behörde sein, sollte die Verletzung auch auf dem Wege der Gesetzgebung oder der Regierung zugefügt worden sein. Es kann sich immer nur darum handeln, ob eine Rechtsverletzung vorhanden, d. h. ob das Recht, dessen Verletzung behauptet wird, zu der Klasse der erworbenen[4]) oder der durch Gesetz des Rechtsschutzes theilhaftig erklärten gehört, und ob der Eingriff rechtswidrig geschehen sei, d. h. ob dem Staat kein entgegengesetztes Recht zur Vornahme der beschädigenden Handlung inne wohnt.[5])

[4]) Der Begriff „erworbenes Recht" ist sehr streitig. cf. Stahl S. 632 ff., Savigny, System des Römischen Rechts III. S. 1. VIII. S. 384. Erworben ist ein Recht erst, wenn es mit einer einzelnen Person verknüpft ist, oder wenn ein abstractes Rechtsinstitut in ein persönliches Rechtsverhältniß umgewandelt ist. — Nicht zu verwechseln mit bloßen Erwartungen.

[5]) Jede Klage setzt voraus ein Recht an sich und eine Verletzung; bald kann das Dasein des Rechtes oder der Verletzung von dem Gegner verneint, bald auch ein bloß factischer Eingriff in das unbestrittene Recht eines Andern versucht werden. Savigny eod. V. S. 6.

Bei solchen Prozessen mit dem Staat wird es sich daher darum handeln, ob der Act, welchen die Verwaltung, als zu ihrem Ressort gehörig, vorgenommen hat, rechtmäßig oder gesetzmäßig, nothwendig oder zweckmäßig gewesen ist. Fällt das richterliche Erkenntniß zum Nachtheil der Regierung aus, so wird die Verwaltung meist gezwungen sein — theils aus Furcht vor weiteren Regreß-Ansprüchen, theils weil es in einem geordneten Staat auf die Länge unmöglich ist, daß die Staatsregierung das Entgegengesetzte von dem thue, was ihr oberster Gerichtshof für rechtmäßig erklärt hat — den reprobirten Verwaltungsgrundsatz aufzugeben und diejenigen Regeln zu befolgen, welche durch den Spruch des Richters für die richtigen erklärt worden sind. Hierin hat man nun eine Unterordnung der Verwaltung unter die Justiz gesehen, welche mit dem Organismus der Verwaltung unverträglich sein soll; man hat deshalb in der neueren Zeit auch in monarchischen Staaten von einem Conflict der Justiz und der Verwaltung gesprochen, so wie von der Nothwendigkeit, gewisse Beschwerden der Staatsbürger über ihnen vom Staat zugefügte Rechtsverletzungen nicht durch die ordentlichen Gerichte, sondern durch außerordentliche Commissionen oder durch die Administrativbehörden entscheiden zu lassen.

Um die Nothwendigkeit dieser sogenannten Administrativjustiz prüfen zu können, ist es erforderlich, die Veranlassung, bei welcher der Einzelne in einen Conflict mit der Staatsregierung kommen kann, näher zu betrachten, um sodann das Interesse aufzusuchen, das der Staat dabei haben kann, diese Sachen dem ordentlichen Richter zu entziehen.

Die am tiefsten in das Fleisch schneidenden Verletzungen werden durch die Gesetzgebung[6]) ohne jedes Zuthun der Verwaltung verübt, und zwar sowohl unmittelbar und direct durch die Aufhebung

[6]) Auf dem Wege der „Verordnung“ sollen dergleichen Eingriffe nicht geschehen. Der Unterschied zwischen Gesetz und Verordnung ist indeß sehr schwierig zu bestimmen. cfr. Wächter, Würtemberg. Pr. R. II, §. 5. Für Preußen ist dieser Unterschied nicht mehr so wichtig, seitdem die Controverse: inwieweit der Richter über die innere Verfassungsmäßigkeit solcher Verordnungen urtheilen darf (Staatsrecht, Völkerrecht und Politik von R. v. Mohl, 1860, Abhandl. über die rechtliche Bedeutung verfassungswidriger Gesetze), durch Art. 106 der Verf. dahin entschieden ist, daß die Prüfung der Rechtsgültigkeit gehörig verkündeter Königl. Verordnungen nur den Kammern zusteht.

wohlerworbener Rechte (Leibeigenschaft und Unterthänigkeit, Reallasten, Zwangs- und Bannrechte, Steuerimmunitäten, Jagdgerechtigkeit), theils indirect dadurch, daß ein neues Gesetz, welches zwar nicht unmittelbar einen Eingriff in Privatrechte beabsichtigt, dennoch durch seine Einwirkung auf die augenblicklich bestehenden Rechtsverhältnisse für das Vermögen der Einzelnen empfindliche Einbußen herbeiführt, wie dies z. B. der Fall ist bei jeder Veränderung der Zölle, bei jedem Gesetz, welches die bisherige Gewerbe- oder Verkehrsfreiheit beschränkt oder gesetzliche Erbrechte aufhebt. Die Befugniß des Gesetzgebers, solche Eingriffe in das Privatwohl aus ganz überwiegenden Gründen des öffentlichen Wohls vorzunehmen, wird von Niemandem bestritten. Aller Streit bewegt sich nur darüber, ob und inwieweit der Staat zur Entschädigung verpflichtet ist.[7])

Aehnlich verhält es sich damit, wenn der Staat von seinem sogenannten jus eminens Gebrauch macht. In allen Fällen nämlich, wo sich die eiserne Noth der Selbsterhaltung aufdrängt, wo Gefahr auf dem Verzuge haftet und nur augenblickliche Hülfe von Nutzen ist, also wenn es gilt, Maßregeln gegen den Feind, gegen Ueberschwemmungen, Feuersgefahr, Viehseuchen, Hungersnoth durchzuführen, wird jede Behörde kraft eigener Machtvollkommenheit befugt sein, Dämme und Häuser einzureißen, Viehheerden zu erstechen, Vorräthe wegzunehmen, kurz jeden Eingriff in Privateigenthum anzuordnen, welcher zur Entfernung der Gefahr nothwendig ist. Dasselbe Recht hat das neuere Staatsrecht dem Staate aber auch dann bewilligt, wenn die Vortheile, welche aus einer Verletzung von Privatrechten für das Staatsganze erwachsen, überwiegend größer sind, als die Nachtheile, welche dem Einzelnen hierdurch entstehen.[8]) Deshalb kann Jeder im Wege der Expropriation zur Hergabe seines Grundeigenthums für die Anlegung von Eisenbahnen, Chausseen, Kanälen, Festungen gezwungen werden. Deshalb muß sich Jeder Beschrän-

---

[7]) Stahl, S. 630, verneint, weil es gegen die Gesetzgebung nur eine natürliche sittliche, aber keine Grenze nach positivem Recht giebt. Bluntschli, Allgem. Staatsrecht 1852, S. 331, läßt den Anspruch auf Entschädigung zu, wenn solcher im Gesetz weder verboten noch ungenügend bestimmt ist.

[8]) Klüber, Joh. Ludw., Oeffentliches Recht des Deutschen Bundes, §. 551. Dieser Nothbehelf, favor necessitatis, jus extremae potestatis, vis potestatis, Staatsraison genannt, hat auch in den Deutschen Bundesstaaten keine anderen als die natürlichen Grenzen, insbesondere bei der Säkularisation.

kungen seines Eigenthums zu Gunsten eines Bergwerkes, eines Dammes oder der öffentlichen Kommunikation unterwerfen. Deshalb darf Niemand widersprechen, wenn der Staat aus Rücksichten des Gemeinwohls ertheilte Privilegien und Konzessionen zurücknimmt oder die Benutzung einer bereits errichteten gewerblichen Anlage verbietet. Daß in allen diesen Fällen dem Verletzten vollständige Entschädigung zu gewähren, ist in jeder positiven Gesetzgebung anerkannt, ebenso daß der Richter über die Höhe dieser Entschädigung zu entscheiden hat. Verschiedenheit herrscht nur darüber, wer, in Fällen wo eine dringende Gefahr nicht vorhanden, also überall wo eine gewöhnliche Expropriation vorgenommen werden soll, über den Widerspruch des Bedrohten, daß die Maßregeln nicht gesetzmäßig oder nothwendig, befinden soll. In England entscheidet hierüber das Parlament, in anderen Staaten die Regierung allein, bald das Staatsoberhaupt, bald eine hierzu delegirte Behörde. Die Frage der Gesetzmäßigkeit und Nothwendigkeit fällt hier übrigens zusammen, da kein Gesetz bestimmen kann, wann der Fall eines überwiegenden Vortheils für das Staatsganze vorhanden.

Außer diesen Nothfällen darf sich die Staatsgewalt bei Ausübung ihrer Hoheitsrechte[9]) niemals einen directen unmittelbar gegen ein Individuum gerichteten Eingriff in erworbene Rechte erlauben. Wenn sonst von den Staatsangehörigen eine Aufopferung von Geld oder Sachen, eine Beschränkung der Persönlichkeit oder des Vermögens, kurz irgend ein bestimmtes Thun, Dulden oder Unterlassen verlangt wird, so kann dies nur dann geschehen, wenn der Staatsgewalt ein besonderer gesetzlicher oder verfassungsmäßiger Titel zur Seite steht. Ein solcher Titel liegt entweder in besondern positiven Beschränkungen, welche das Gesetz der Freiheit des Eigenthums zum Besten des Allgemeinen auferlegt hat, z. B. beim Bauen, bei der Vorfluth, bei Be- und Entwässerungs-, bei Fabrik-Anlagen, oder in dem concreten Inhalt der einzelnen Hoheitsrechte. Hier wird ein

---

[9]) Die Hoheitsrechte, Rechte der Staatsgewalt, beziehen sich ihrem Gegenstande nach auf die äußern und auf die innern Verhältnisse. Zu den ersteren gehört auch das Recht der Verträge und Bündnisse mit andern Staaten, das Gesandtschaftsrecht und das Recht des Krieges und Friedens. Zu den letztern die Justiz-, Polizei- und Oberaufsichts-, Finanz- und Militärhoheit. Rönne, l. c. S. 140.

Rechtsstreit nur über die Befugniß der Staatsgewalt zur Vornahme der Handlung entstehen können, also darüber, ob die Maßregel sich aus dem Gesetze oder aus dem Inhalte des Hoheitsrechtes erklären läßt;[10]) — aber nicht über die Entschädigung. Denn so empfindlich auch die Einbuße sein mag, welche der Einzelne dadurch erleidet, daß der Staat sein Hoheitsrecht ausübt, z. B. Krieg erklärt, ein Ausfuhrverbot erläßt, so muß sich doch der Einzelne diesen Opfern unterwerfen, weil aus dem Recht der Staatsgewalt zur Ausübung der Hoheitsrechte die correlate Pflicht der Staatsangehörigen folgt, sich diese Ausübung gefallen zu lassen, und weil der Staat, wenn er sich innerhalb der Grenze seines Rechts hält, nach dem Grundsatze qui suo jure utitur, neminem laedit, keine Entschädigung zu leisten hat.

Dies wären die Veranlassungen, bei welchen das Vermögen der Staatsangehörigen von der Staatsgewalt verletzt werden kann.

Jeder Staatsangehörige hat außer seinem Vermögen und außer seiner Stellung als Glied einer bestimmten Familie oder eines bestimmten Standes, noch einen Kreis von Rechten und Pflichten, welche aus seiner Stellung zu dem Staat und zu einer bestimmten Gemeinde fließen: die sogenannten staats- und gemeindebürgerlichen Rechte. Man kann dieselben eintheilen in politische, welche sich auf die Theilnahme an der herrschaftlichen Stellung im Volk und Gemeinde beziehen (actives und passives Wahlrecht, die allgemeine, nur an die gesetzlichen Bedingungen geknüpfte Fähigkeit zu öffentlichen Aemtern und die Befugniß als Geschworner zu fungiren) und in bürgerliche Rechte: Freizügigkeit und freie Wahl des Aufenthaltes, Auswanderungsrecht, freie Wahl von Beruf und Gewerbe, freies Recht zum Erwerb und Besitz von Eigenthum, Recht der

---

[10]) So ist der Umfang des Oberaufsichtsrechts sehr streitig. Dasselbe ist wohl in keiner positiven Verfassung näher definirt. Nach Klüber, §. 358, 359. ist es das Recht fortwährend wirksamer Aufmerksamkeit auf Alles, was auf den Zweck des Staates Einfluß hat. Begriffen ist darunter: 1) das Recht, dem Zweck gemäß von Allem Kenntniß zu nehmen, was in Absicht auf Erreichung des Staatszweckes wichtig ist. 2) Das Recht zu billigen, zu genehmigen, zu bestätigen, was dem Staatszweck gemäß. 3) Zu mißbilligen, aufzuschieben, zu hintertreiben, zu untersagen, zu vernichten, was ihm zuwider befunden wird. 4) Zu veranlassen, was mittelbar oder unmittelbar zur Erreichung des Staatszweckes dienen kann.

freien Meinungsäußerung, Glaubens- und Religionsfreiheit, Schutz gegen Willkür hinsichtlich des Gerichtsstandes, Recht der Beschwerdeführung und der Petition, Versammlungs- und Vereinsrecht, Recht auf Benutzung aller öffentlichen Anstalten, Wege und Flüsse. Ihr Gemeinsames ist, daß sie ihre Verbürgung und Anerkennung nur in einem bestimmten Staat oder Gemeinde empfangen. Ihre Verschiedenheit liegt darin, daß ein Theil davon zugleich einen Vermögenswerth hat, oder wenigstens ein Mittel ist, Vermögen zu erwerben (das Recht, sich an einem bestimmten Ort aufzuhalten, ein bestimmtes Gewerbe zu treiben, die Benutzung der öffentlichen Anstalten des Staats und der Gemeinde, der sogenannten res publicae), während die andern theils reine Ehrenrechte, theils Garantien der Erhaltung des verfassungsmäßigen Zustandes sind. Ein Theil davon, wie das Staats- und Gemeindebürgerrecht, das active und passive Wahlrecht, wird ipso jure erworben, bald schon durch die Geburt, bald durch das Vorhandensein gewisser gesetzlicher Bedingungen; ein anderer Theil kann nur durch eine Verleihung vom Staat erworben werden, wie das Recht, bestimmte Gewerbe zu treiben. Sobald diese Rechte einmal von dem Einzelnen erworben worden sind, gehören sie im weitern Sinne zu der Rechtssphäre des Einzelnen und sind an und für sich eines Rechtsschutzes fähig. Aber auch schon vor der Erwerbung hat jeder Staatsbürger ein selbstständiges Recht darauf, daß er an ihrer Erwerbung nicht auf gesetzwidrige Weise verhindert werde. Will daher der Staat die Verleihung versagen oder die Ausübung der ipso jure zu erwerbenden Rechte nicht gestatten, so ist er hierzu nur insoweit berechtigt, als die gesetzlichen Bedingungen, an welche das Gesetz den Erwerb oder die Fortdauer des Rechts knüpft (z. B. ein gewisses Alter, Abstammung, Unbescholtenheit, technische Fähigkeit), in dem Petenten nicht vorhanden sind; denn jeder Bürger hat ein Recht darauf, nach dem Gesetz in allen Stücken behandelt zu werden.

Dieses Recht wird häufig von der Staatsgewalt nicht anerkannt, welche sich vielmehr für berechtigt hält, aus Gründen des Staatswohls Verletzungen dieser staatsbürgerlichen Sphäre ohne Pflicht zur Entschädigung vorzunehmen.

Alle bisher erwähnten Rechtsverletzungen werden geschehen, weil die Regierung glaubt, daß sie dazu vermöge ihrer Hoheitsrechte befugt sei. Der Staat tritt hier befehlend auf, er pocht auf seine

Macht, welche ihm sein Hoheitsrecht gewährt, und verlangt im Namen des öffentlichen Wohls Gehorsam und Unterwerfung von dem Unterthan. Dieses Motiv bildet den Unterschied von denjenigen Rechtsverletzungen, welche der Staat als Subject an Privatrechten, als Fiskus [11]) zufügen kann, d. h. insofern er Inhaber von Vermögen ist, also als Besitzer der Domänen, öffentlichen Gebäude, Flüsse und Wege, oder wenn er zur Bestreitung der Staatsbedürfnisse Anleihen macht, Lieferungs- oder sonstige Verträge schließt.

In allen diesen Sachen nun kann die richterliche Thätigkeit angerufen werden, sowohl von der Regierung, um den Gehorsam zu erzwingen, als von dem Unterthan, um sich gegen eine Zumuthung des Staates zu schützen. Die Streitfragen, welche zur Erörterung kommen, können im Wesentlichen nur zum Gegenstande haben:

> ob die Maßregel rechtmäßig, gesetzmäßig, verfassungsmäßig, ob sie nothwendig oder zweckmäßig sei, ob also dem Staat ein Recht zu ihrer Vornahme inne wohnet, oder ob das Recht, dessen Schutz angefleht wird, als ein vollkommenes, d. h. als ein im Prozeß verfolgbares oder als ein erworbenes zu betrachten sei.

Der Klageantrag, welchen die klagende Partei möglicherweise stellen kann, wird im Allgemeinen entweder dahin gehen, daß die verletzende Maßregel aufgehoben und der status quo wiederhergestellt werde, oder daß die Regierung zur Anerkennung und Gewährung des von ihr verweigerten oder bestrittenen Rechtes angehalten, oder endlich daß sie zur Zahlung einer Entschädigungssumme verurtheilt werde.

Es leuchtet ein, daß es im Interesse der Regierung liegen muß,

---

[11]) Ursprünglich hieß Fiskus ein Korb, und da die Römer Körbe gebrauchten, um größere Geldsummen aufzubewahren und zu transportiren, so wurde der Name auf jede Kasse, schließlich auch auf das in der Hand des Kaisers vereinigte Staatsvermögen, aerarium, übertragen. Savigny l. c. II. S. 272.

Klüber, die Selbstständigkeit des Richteramtes, Frankfurt 1832, bekämpft S. 144 den vielfach verbreiteten Irrthum, als ob Staatsoberhaupt und Fiskus durchaus verschiedene Subjecte, landesherrliche und fiskalische Sachen wesentlich verschieden seien, als unvereinbar mit dem allgemeinen und jedem positiven Staatsrecht. Nach diesem und auch nach dem Allg. Landrecht sind die fiskalischen Rechte den Hoheitsrechten nicht entgegengesetzt, nicht coordinirt, sondern unter ihnen begriffen, und Fiskus ist in Civilprozessen vor Gericht nur Vertreter des Landesherrn.

wenn bei Beurtheilung der von ihr resp. gegen sie anhängig gemachten Sachen von andern Grundsätzen ausgegangen wird, als in andern reinen Privatrechtsstreitigkeiten. Es fragt sich nur, inwieweit die höheren Forderungen der Gerechtigkeit und des Staatszweckes mit diesen Wünschen vereinbar sind.

Niemand wird bezweifeln, daß jede Staatsaktion gelähmt, jede geregelte Verwaltung gehindert wäre, wenn ein Jeder die Erfüllung seiner Staatspflichten und die Befolgung obrigkeitlicher Befehle dadurch suspendiren könnte, daß er Klage erhebt. Dieses Motiv kann aber nie zur Ausschließung des Rechtsweges überhaupt, sondern nur zu der Beschränkung führen, daß durch den Prozeß der Vollzug der obrigkeitlichen Anordnung nicht aufgehalten werden darf, — daß also der Staat interimistisch seinen Willen salvo jure et processu durchsetzen kann — und daß dem Verklagten in der Regel nur eine Klage auf Entschädigung und nicht auf Aufhebung der Maßregel verstattet werde.

Durch diesen letztern Ausweg wäre auch das weitere Bedenken beseitigt, daß die Verwaltung als solche nie vor Gericht gestellt werden dürfe, weil eine solche directe Verurtheiluug z. B. die vordem verweigerte Konzession zum Verkauf von Druckschriften zu ertheilen, die Absperrung eines Weges aufzuheben, ihrem Ansehen schaden müsse. Wird nur eine Klage auf Entschädigung gestattet, so leidet zwar die Freiheit des Eigenthums, aber das Ansehen der Regierung ist gewahrt.

Es kann ferner scheinen, als ob das öffentliche Interesse es erheische, Manches nicht nach den Grundsätzen der strengen Gerechtigkeit, sondern nach Zweckmäßigkeit zu beurtheilen, daß man deshalb der Regierung freie Hand lassen müsse, manche Ansprüche (z. B. Kriegsschäden, Staatsschulden, Versprechen aus Staatsverträgen) je nach Umständen aus Rücksichten der Finanzlage des Staates anzuerkennen oder nicht; daß man der Regierung ferner gestatten müsse, bei der Handhabung der Gesetze in Beziehung auf den Genuß der staatsbürgerlichen Rechte, insbesondere bei Gewerbe-Konzessionen und Wahlen, nicht so streng nach den Buchstaben zu verfahren, weil die Regierung sonst eines der mächtigsten Mittel beraubt würde, wodurch sie in bedenklichen und gefährlichen Lagen des Staates auf die politische Stimmung des Landes einwirken könne. Dieses Argument kann indessen nur von denjenigen anerkannt werden, welche wähnen, daß wissentliches Begehen eines Unrechts und Korruption die Stützen einer Regierung sein können. Es giebt nur eine Gerechtigkeit im Staate. Gerecht sein in allen Beziehungen, ist auch die lex legum aller Regierungen (Baco). Rechtsprechen und sprechen nach Gesetzen ist Eins, Rechtsprechen nach Verwaltungsgrundsätzen ein Unding. Lehrt die Geschichte nicht auf allen Blättern, daß die Heilighaltung der Gesetze die Grundsäule der legitimen Monarchie ist, daß die Regierung, welche aus Zweckmäßigkeitsgründen von der gesetzlichen Bahn ablenkt und sich Ungerechtigkeiten, Vexationen gegen Einzelne erlaubt, unfehlbar ihrem Sturze entgegengeht, indem sie die Basis ihrer Herrschaft (deren Grund und Voraussetzung das Gesetz ist)[12]) untergräbt und die dämonischen, in dem Volke schlummernden Leidenschaften, welche einzig und allein durch die geheiligten Banden der Religion und des Gesetzes von einem Angriff auf das Bestehende abgehalten werden, entfesselt und ihnen den Weg ebnet, auf welchem später die Empörung gleich einer rasenden Flamme hereinstürzt und Recht und Ordnung unter den Trümmern der Monarchie begräbt? Der mächtigste Bundesgenosse der Revolution ist weniger die Propaganda abstrakter, den Leidenschaften und Interessen schmeichelnder Ideen, als die Unzufriedenheit, als die unwillige Verzweiflung an Recht und Gesetz, welche durch solche kleinliche Maßregeln in tausend und abermals tausend Kreisen wie ein schleichendes Gift verbreitet wird. „Eingriffe der Justiz in die Verwaltung hemmen vielleicht den Geschäftsgang, während das Eingreifen der Verwaltung in die Rechtspflege den Menschen verderbt und so zugleich aufrührerisch und knechtisch macht.“[13])

Man könnte endlich solche Beschränkungen des Rechtsweges damit vertheidigen wollen, daß dem ordentlichen Richter zur Entscheidung der den Staat betreffenden Streitigkeiten die nöthige Kenntniß oder die erforderliche Unparteilichkeit fehle. Diese Erwägung könnte jedoch nur der Staatsregierung die Pflicht auferlegen, die Gerichte mit tüchtigen Richtern zu besetzen. Denn welches Vertrauen sollen die Staatsangehörigen zu der Rechtspflege haben, wenn die Staatsgewalt selbst zu ihren Organen Mißtrauen zeigt?[14])

---

[12]) Das Gesetz bestimmt ja auch die Thronfolge.

[13]) Tocqueville, Das alte Staatswesen und die Revolution. S. 64.

[14]) Hiermit dürfte auch die hingeworfene Bemerkung Gneist's, das heutige Englische Verfassungs- und Verwaltungsrecht, zweiter Hauptheil S. 897, widerlegt sein.

Es wäre jedoch vergebens, diese Forschungen nach einem absoluten durchgreifenden Grunde zur Rechtfertigung der Administrativ-Justiz noch länger fortzusetzen. Alle Bemühungen der Wissenschaft, eine feste Grenze zwischen den Rechtsstreitigkeiten, welche als reine Justizsachen zur Kompetenz der ordentlichen Gerichte, oder als Administrativ-Justizsachen zur Kompetenz der Administrativ-Behörden gewiesen werden sollen, zu ziehen, sind vollständig gescheitert. Eine auch nur annähernde Uebereinstimmung ist hierüber in Deutschland noch nicht erreicht worden.[15]) Denn der einzig sichere Ausgangspunkt, von dem aus der Versuch zur Lösung dieses Problems unternommen werden kann, ist der Staatszweck d. h. die vernünftige Idee, welche durch das Dasein des Staats verwirklicht werden soll. Dieser Staatszweck nun ist in keinem Staate urkundlich bestimmt. Jeder Lehrer des Staatsrechts stellt einen andern Zweck auf. Gegenwärtig lassen sich über den Inhalt des Staatszwecks zwei Hauptrichtungen in der Wissenschaft unterscheiden. Aristoteles, Thomas Aquino, Dante, Baco, Hugo Grotius, Loke, Kant, Rousseau setzen den Staatszweck bloß in Ziele des einzelnen Menschen, und die Kontroverse dreht sich lediglich um die Frage, ob dies der Nutzen, die Tugend oder die Freiheit und das Recht (Rechtsstaat)[16]) desselben

---

[15]) cfr. die Literatur bei Heinrich Albert Zachariä. Deutsches Staats- und Bundesrecht. 1854. II. S. 107. Eine kurze Uebersicht der Ansichten in der Schrift: Die Zulässigkeit des Rechtsweges und die Kompetenz-Konflikte in Preußen. Im amtlichen Auftrage bearbeitet von dem Appellations-Gerichtsrath Sydow. 1860. S. XI—XXII.

[16]) Kant, Metaphysische Anfangsgründe des Rechts, §. 45, erklärt den Staat als die Vereinigung einer Menge von Menschen unter Rechtsgesetzen. Der Staat ist eine öffentliche Rechtsanstalt zum Schutz der persönlichen Sicherheit und Freiheit, sowie der Rechte und des Eigenthums. Gegen diesen Rechtsstaat eifern u. a. Trendelenburg l. c. §. 151, Stahl. Letzterer sagt l. c. S. 137: Der Staat soll Rechtsstaat sein, d. h. er soll die Grenzen seiner Wirksamkeit von der freien Sphäre der Bürger in der Weise des Rechts genau bestimmen, und soll die sittlichen Ideen von Staatswegen nicht weiter erzwingen, als es der Rechtssphäre angehört. Dies ist der Begriff von Rechtsstaat und nicht etwa, daß der Staat bloß die Rechtsordnung handhabe ohne administrative Zwecke, oder bloß die Rechte des Einzelnen schütze, er bedeutet überhaupt nicht Ziel und Inhalt des Staates, sondern nur Art und Character, dieselben zu verwirklichen. Der Rechtsstaat steht daher im Gegensatz zu dem bloßen Polizeistaate, in welchem die Obrigkeit darauf ausgeht, die sittlichen Ideen und die Nützlichkeitszwecke

ist. Plato, Schelling, Hegel, Stahl finden dieses Ziel zu eng und lehren, daß der Staat auch zum Zwecke der Nation, zur Vollendung des gemeinsamen objectiven Zustandes da ist. Die Anhänger des Rechtsstaates werden natürlich der Verwaltung die engsten Grenzen ziehen und prinzipiell gegen jede Administrativ-Justiz sein, während Stahl l. c. S. 609 ff. umgekehrt die Verwaltung zu kräftigen sucht, und deshalb den Satz aufstellt: daß die Gerechtigkeit nur im Gebiet der Justiz das positive, das einzelne Ziel, im Gebiet der Verfassung und Verwaltung dagegen bloß die Schranke ist, und daß deshalb die Gerichte nie über ein öffentliches Rechtsverhältniß zu entscheiden haben, auch wenn ein ganz bestimmter Anspruch verfolgt wird, weil es aus der Natur des Staates als eines sittlichen Reiches, dem die Einzelnen nur als Glieder angehören, von selbst folgen soll, daß nur er selbst d. h. seine eigene beherrschende Macht, also die Regierung, das Urtheil über die gesetzmäßige Anordnung ihrer Function haben und weil der Staat sonst aufhören müßte ein sittliches Reich zu sein, „er würde sonst eine bloße Privatperson werden, seine Handlungen verlören den Charakter einer höhern Autorität, es käme ihm sein Herrscherrecht gegen die Unterthanen nicht in anderer Art zu, als dem Gläubiger seine Befugnisse gegen den Schuldner, und die Unterthanen hätten aufgehört, ergänzende Glieder des Staates zu sein und ständen ihm als losgetrennte Subjecte gegenüber.“[17])

---

in ihrem ganzen Umfange und nach einer moralischen, daher arbiträren Würdigung eines jeden Falles zu realisiren.

Bluntschli l. c. S. 35 sagt über diesen Gegensatz: „Die Ausbildung des Rechtsstaates einseitig verfolgt, würde zuletzt den Staat zu einer bloßen Anstalt für Rechtspflege verkrüppeln, in welchem die Gesetzgebungs-Gewalt das Recht im Allgemeinen festsetzte, das Gericht dasselbe im einzelnen Fall zur Anerkennung bringen und schützen würde, und der Regierung fast keine andere Thätigkeit als die eines Gerichtsdieners oder Gensdarmen übrig bliebe. Umgekehrt würde ein Polizeistaat jede individuelle Rechtssicherheit und Freiheit der ausschließlichen Rücksicht auf das, was dem Ganzen nützlich scheint, zum Opfer bringen.“

Deshalb wird Polizeistaat als Parteiname gebraucht, um das Enge und Kleine in der Richtung derjenigen Staatsmaxime auszudrücken, welche in der Uebermächtigkeit der Verwaltung und der Ausbildung der Sicherheitspflege das Heil des Staats erblickt.

[17]) Stahl lehrt daher S. 640 ff.: Streng genommen kann nie auf Anerkennung des streitigen Rechtes durch die Regierung geklagt und erkannt werden,

Hieraus ergiebt sich, daß es immer nur Zweckmäßigkeitsgründe sein können, welche den Gesetzgeber bewegen werden, Streitigkeiten, die an sich nach dem Wesen der Rechtspflege „als der Offenbarung der Gerechtigkeit des Staates“ (Stahl l. c. S. 597) dem Richteramt gebühren, demselben zu entziehen und anderen Behörden zu überweisen.

Dieser Schluß findet auch seine vollkommene Bestätigung in der Geschichte und der Gesetzgebung der verschiedenen Länder und Zeiten.

In England haben die Gerichte von jeher über streitige Hoheitsrechte entschieden. Als Sir Hampden es wagte, die Erhebung des Schifffahrtsgeldes der Krone zu bestreiten, erklärte sich nur eine kleine Majorität der Exchequer Chamber gegen ihn. Seitdem Thomas Wentworth Earl of Strafford seinen Versuch, das Vermögen und die persönliche Freiheit des ganzen Volkes zur unumschränkten Verfügung der Krone zu stellen und die Gerichtshöfe selbst in gewöhnlichen Fragen des Civilrechts zwischen Privaten ihrer unabhängigen Autorität zu berauben, mit seinem Kopfe büßen mußte, ist in England ein ernstlicher Versuch zur Beschränkung der richterlichen Kompetenz nicht mehr gewagt worden.[18]) Gegenwärtig entscheiden die Gerichte ausschließlich über persönliche Freiheit und Eigenthum; die

---

weil der Fiscus dies gar nicht gewähren kann, der Fiscus ist es nicht, der die Freiheit des Klägers bestreitet, sondern die Staatsgewalt.

Das Richtige ist, daß, wenn man solche Negatorienklage doch zuläßt, man fingiren muß, als ob das Rechtsverhältniß ursprünglich den Gerichten überwiesen sei. Der Schutz darf nicht in der Form bestehen, daß das Gericht die eingreifende Verwaltung verurtheilt als ein ihm untergebenes Subject, sondern daß es den Fall an sich zieht, die Verwaltung ausschließt und ihr Bereich gegenüber der Verwaltung als coordinirte Macht im Staate vindicirt. Von diesem Standpunkte aus muß das Gericht auch ex officio wie der englische Oberrichter die Befugniß zur Erhebung des Konfliktes gegen eine Kompetenzüberschreitung der Verwaltung haben.

[18]) Die Versuche der Restauration liefen auf indirecte Gesetzesverletzungen hinaus. So erklärte Stephan Rice, ein Katholik, als er von Jacob zum ersten Baron der Schatzkammer in Dublin ernannt worden, daß die in Irland angesessenen Engländer von ihm haben sollten, was das Gesetz mit der äußersten Strenge ausgelegt, ihnen zuspreche, daß er aber mit einer sechsspännigen Kutsche durch den Act of Settlement (wodurch der größte Theil des irischen Grundeigenthums zum Vortheil der Engländer confiscirt worden war) fahren wollte. Macaulay, Geschichte Bd. V, S. 160.

administrative Gewalt kann daher, falls sich die Partei nicht bei der Verwaltungsmaßregel beruhigt, Nichts in Bezug auf eine Privatperson durchsetzen, was der Richter nicht als den Gesetzen und der Verfassung gemäß erklärt hat (Gneist l. c. I. S. 275.) Keinem Staatsbürger kann etwas ge- oder verboten werden, was nicht durch ein Gesetz ge- oder verboten ist.

Zur Zeit des heiligen römischen Reichs sollte es in Deutschland ebenso sein. Alle Klagen der Landstände und Unterthanen wider ihre Obrigkeit in Privatsachen, welche die landesfürstliche Kammer betrafen, alle fiskalischen Sachen und auch die kleineren Verwaltungseingriffe[19]) waren reichsgrundgesetzlich den Landesgerichten überwiesen. Die Reichsgerichte, das auf dem Reichstage zu Worms 1495 errichtete Reichskammergericht und der im Westphälischen Frieden als oberstes Reichsgericht anerkannte Reichshofrath hatten reichsgrundgesetzlich (noch anerkannt in der letzten Wahlkapitulation Franz II. 1792, Art. XIX, §. 6 u. 7) in allen Streitigkeiten der Obrigkeiten mit ihren Unterthanen über Ausflüsse der obersten Gewalt, der Landeshoheit zu erkennen, z. B. darüber, ob ein Regierungsact des Landesherrn, ob die Ausschreibung einer neuen Steuer den ständischen Freiheiten zuwiderlief. Sie hatten sowohl über die Gesetz- und Rechtmäßigkeit, solcher Maßregeln, als über die Entschädigung zu entscheiden, nur sollten sie in dergleichen Sachen keine Inhibition erkennen (J. R. A. 1654, Artikel 106) und die Unterthanen trotz Einleitung des Prozesses inzwischen zum schuldigen Gehorsam anhalten. (W. K. Art. XIX, §. 7.) Die Reichsgerichte ließen sogar zum besseren Schutz der Unterthanen die durch das canonische Recht begünstigten sogenannten Extrajudicial-Appellationen zu, indem sie auch bloße Beschwerden der Unterthanen über ihre Obrigkeit annahmen (so 1799 der Brauherren der Reichsstadt Nordhausen über Erhöhung des Schrotgeldes) und darüber in appellatorio entschieden, ohne daß vorher eine Klage in erster Instanz angebracht, resp. die Anbringung einer solchen von dem Landesherrn verhindert worden wäre.[20]) Die Landesfürsten suchten soviel als möglich dieser, ihre Souveränetätsgelüste störenden Jurisdiction der Reichsgerichte zu entgehen. Der Kaiser hielt indeß trotz aller Reclamationen der

---

[19]) Zöpfl. Grundsätze des Allg. Deutsch. Staatsrechts, 1855, I, 217.

[20]) Gönner, Handbuch des Deutsch. gem. Prozesses, 1801, IV, S. 33 ff.

Kurfürsten daran fest, weil ihm, wie sich Klüber (Richteramt, S. 82) ausdrückt, die Reichshofrathgutachten einen „Striegel“ in die Hand lieferten, womit er die wichtigsten Reichsstände sein reichsoberhauptliches Ansehen auf dem Justizwege konnte fühlen lassen. Er mußte zwar in der Wahl-Kap. Art. 1, §. 3 versprechen, „nicht zu gestatten, daß den Reichsständen in ihre Landeshoheits- und Regierungsrechte, besonders in Polizeisachen, von den Reichsgerichten eingegriffen werde“; aber da die Beurtheilung, ob ein solcher Eingriff vorhanden und ob die Klage deshalb a limine judicii zu weisen, lediglich von dem Ermessen der Reichsgerichte abhing, so hatte sich bis zum Ende des Deutschen Reichs (1806) wenigstens der Grundsatz erhalten:[21])

a. daß die Reichsgerichte gleich den Landesgerichten allein und selbstständig darüber zu entscheiden hätten, ob eine Klagesache materiell zur gerichtlichen Kompetenz gehöre, oder als ein Eingriff in die Regierungsrechte vom Rechtswege zu verweisen sei.

b. daß kein Object, bei welchem eine Rechtsverletzung denkbar ist, von der richterlichen Kognition ausgeschlossen war, und daß bei der Frage über die Zulässigkeit des Rechtsweges bloß die Rücksicht des verletzten Rechtes entschied.

Freilich wurden diese Grundsätze von den mächtigen Reichsfürsten häufig gebrochen, insbesondere da wo es der Ausbildung ihrer Landeshoheit zur vollen Souveränetät den Ständen gegenüber galt. Die Reichsgerichte konnten im 18. Jahrhundert ihre Autorität in vollem Umfange nur noch die kleineren Landesfürsten wirksam fühlen lassen. So verhängte das Reichskammergericht noch im Jahre 1786 gegen einen Grafen Wittgenstein wegen landesverderblichen Mißbrauch der Landeshoheit eine Strafe von Fünf Mark löthigen Goldes. (Reuß Staatskanzlei Bd. 14. S. 235.) So vermahnte der Reichshofrath auf die Beschwerde des Magdeburger Ritters aus dem Winkel wider den König von Preußen 1726 wegen Beeinträchtigung dessen Steuerfreiheit, den König als Herzog zu Magdeburg dahin, sich gemüßigt zu finden, er möchte die unverweilte Verfügung thun, damit Supplicant bei der genossenen Steuerbefreiung unbeeinträchtigt gelassen werde (Emminghaus corpus juris Germ. I. S. 546). Doch ließ sich dieser Monarch durch diese Vermahnungen nicht in der Durchführung seiner Pläne stören. Als daher die gesammte

---

21) Gönner, II, S. 42 ff.

Magdeburger Ritterschaft sich gegen die Einführung der Lehnspferdegelder sträubte, und einen günstigen Spruch des Reichshofrathes erlangte, befahl er in der Instruktion an das General-Direktorium vom 20. December 1772 Art. 28 §. 4 diesen renitirenden Edelleuten allerhand Chikanen zu machen.

„Wir sind doch Herr und König und können thun was wir wollen" [22 u. 23]).

Gustav IV. von Schweden unterließ zwar sein Vorhaben, dem Tribunal zu Greifswald, dem durch den Westphälischen Frieden die volle Competenz der Reichsgerichte ertheilt war, dessen Befugnisse zur Entscheidung von Streitigkeiten der Regierung mit den Landständen zu nehmen, als sich die Stände 1799 an die Reichsgerichte wandten; führte dies aber doch ein Jahr später aus, als die Landstände Schwierigkeiten wegen Einführung einer Landwehr erhoben, und schloß nunmehr von der Competenz der Gerichte alles aus, was nach schwedischem Rechte nicht vor den Richter gehörte, d. h. jede Sache, welche das „Landesregiment" oder das „Staatswerk" betraf [24]).

So war in Deutschland der Boden bereits vorbereitet, als man durch die Fremdherrschaft mit den den Rechtsweg beschränkenden Institutionen des französischen Rechts näher bekannt wurde.

In Frankreich nämlich war die Competenz der ordentlichen Gerichtshöfe schon früh beschränkt und der Grundsatz praktisch durchgeführt worden, daß alle Prozesse, in denen eine öffentliche Angelegenheit behandelt wird und bei denen die Staatsverwaltung betheiligt ist, nicht vor die ordentlichen Gerichte gehören, die nur allein über Privatangelegenheiten zu entscheiden haben. [25]) Fast alle Verordnungen und Beschlüsse des Reichsraths aus dem 18. Jahrhundert enthalten

---

[22]) Rönne l. c. S. 10.

[23]) Derselbe Monarch schrieb bekanntlich auf die in französischer Sprache gefaßte Beschwerde der Stände in Preußen vom 31. Januar 1717, worin dieselben gegen die Einführung einer von ihnen nicht bewilligten Abgabe mit den Worten: tout le pays sera ruiné, protestirten: Nihil credo aber das credo daß der Junkers ihre Autorität werde ruinirt werden. Ich aber stabilire die Souverainеté wie einen Rocher von Bronce. — Lancizolle, Königthum und Landstände in Preußen 1846, S. 13.

[24]) Lancizolle l. c. S. 153.

[25]) Unsere Hauptquelle hierüber ist das citirte Werk: l'ancien Régime et la Révolution par Alexis de Tocqueville de l'Académie française. Paris 1856.

die Formel: „Wir verordnen überdies, daß alle streitigen Fälle, die sich auf gegenwärtigen Beschluß beziehen, dem Intendanten vorgelegt werden müssen, um von ihm entschieden zu werden, gestatten auch an unsern Rath zu appelliren, verbieten aber unsern Gerichtshöfen Kenntniß davon zu nehmen." Handelte es sich um Sachen, die durch alte Gesetze geregelt waren, oder um Klagen gegen Beamte, so bemächtigte sich der Königliche Rath des Prozesses mittels einer sogenannten Evokation, indem er durch einen Beschluß die Rechtssache dem ordentlichen Richter abforderte und vor seinen Richterstuhl zog. In den geheimen Berichten, mittels welcher die Intendanten solche Evokation vom Rath erbaten, sind die wahren Motive oft mit einer cynischen Offenheit angegeben:

„Der gewöhnliche Richter ist an ganz bestimmte Gesetze gebunden, die ihn zwingen, eine ungesetzliche That zu bestrafen; aber der Rath kann immer aus einer gemeinnützigen Absicht von der gesetzlichen Vorschrift absehen."

„Der Architekt, welcher aus dem Felde des Nachbars Baumaterialien geholt hat, ist zwar schuldig, aber dies ist kein Grund um die Sache ihren Gang gehen zu lassen; denn es liegt der Damm- und Brückenbaubehörde viel daran, daß sich die Gerichte mit solchen Klagen nicht befassen; es wäre verderblich für die Staatsverwaltung, weil die Grundsätze des Gerichts nicht mit denen der Verwaltung in Einklang stehen."

Alle Sachen aber, welche der Königliche Rath an sich zog, wurden von demselben materiell durch einen Richterspruch entschieden.

Erst die Revolution führte 1790 ein Verfahren lediglich zu dem Zwecke ein, um auf Ansuchen der Regierung zu bestimmen, ob in einer bereits eingeleiteten Klagesache der Richter wirklich kompetent sei oder nicht. An und für sich gehört die Frage, ob ein erhobener Anspruch zum Rechtsweg geeignet oder von demselben gesetzlich ausgeschlossen, also Administrativsache sei — unbedenklich zur richterlichen Kompetenz. Der Richter hat schon bei Einleitung der Klage seine Zuständigkeit nach allen Richtungen hin, sowohl ratione fori als ratione causae zu prüfen. Findet er, daß die Geltendmachung des Anspruches gesetzlich vom Rechtsweg ausgeschlossen, so muß er die Klage a limine judicii weisen. Hat er die Klage eingeleitet, und wird von einer Prozeßpartei der Einwand der richterlichen Inkompetenz erhoben, so muß er über diesen Einwand gleich jeden andern erkennen und in dem Erkenntniß die Gründe ausführen, aus welchen er sich für kompetent hält. Die Regierung wird bei allen nicht ganz unbedeutenden Sachen stets in der Lage sein, einen Ausspruch des höchsten Gerichtshofes herbeizuführen und sich so den höchsten Schutz zu verschaffen, welcher überhaupt in einem Staate für die Richtigkeit der Entscheidung eines Streits gewährt werden kann. Wem anders als dem Richter, welcher über den Parteien steht, welcher kein auch nur denkbares Interesse an dem Ausfall des Streites hat — kann diese Entscheidung anvertraut werden? Wem anders darf sie anvertraut werden, wenn ein Staat überhaupt noch die unverbrüchliche Handhabung der Gerechtigkeit wenigstens als seinen vornehmsten Zweck anerkennen will?

Dennoch kann es Zeiten geben, wo diese Auffassung zurücktritt, wo der augenblickliche Vortheil des Staats eine Abweichung zu gestatten scheint. Denkt man sich einen Staat, wo, wie in Frankreich seit 1789, die bestehende alte Ordnung umgeworfen und ein neues Lebensprinzip proklamirt worden, welches jedoch noch nicht Zeit hatte, seine neuen Ideen in alle Kreise der Staatsverwaltung zu ergießen, wo also die Regierung bei Durchführung der neuen Grundsätze auf die Trümmer der alten Gesetzgebung stoßen und hierbei in tausend Prozesse verwickelt werden mußte, von denen sie fürchtete, daß der lediglich auf das Gesetz vereidete Richter g e g e n s i e erkennen würde: so ist es einleuchtend, daß die Regierung auf einen Ausweg sinnen wird, wie sie diesen, von ihrem Standpunkte aus als Eingriffe der Justiz in ihre Verwaltung erscheinenden Richtersprüchen entgehen und in den Stand gesetzt würde, derartige Streitigkeiten nach den Grundsätzen des augenblicklichen Staatswohls, d. h. nach Gründen der Zweckmäßigkeit und nicht der Gerechtigkeit zu entscheiden. Um diesen Zweck ohne allzu große Erbitterung der Verletzten zu erreichen, konnte der Gedanke auftauchen, eine mit dem äußeren Schein der Selbstständigkeit umkleidete, im Grunde aber mit der Regierung identische, oder wenigstens ihrem Einfluß ganz unterworfene Behörde zu schaffen, welche nur darüber zu entscheiden hat, ob eine von dem Gericht bereits eingeleitete Klage demselben entzogen werden solle. Ist eine solche Institution einmal in's Leben getreten, so wird ihre Thätigkeit nicht bloß in Anspruch genommen werden in Prozessen, wo die Regierung als Partei verwickelt ist, sondern auch in zufällig zur Kenntniß der Regierung gelangten Rechtsstreitigkeiten zwischen zwei Privatparteien, wo es sich aber um die Rechtmäßigkeit eines Verwaltungsaktes handelt, von dem die Regierung weiß, daß er mit der richterlichen Auffassung von Gesetz und Recht nicht harmonirt. Denn selbst einer despotischen Regierung ist es im Interesse der Selbsterhaltung nicht angenehm, wenn ihr urkundlich durch den Spruch der höchsten Richterbehörde bewiesen wird, daß sie die Gesetze mit Füßen tritt. Sie will ungerecht sein, aber nicht ungerecht scheinen. Sie will nur jene zweite Art des Despotismus üben, von welcher Montesquieu (l'esprit des loix II. S. 190) sagt: Il y a deux sortes de tyrannie, une réelle qui consiste dans la violence du gouvernement, et une d'opinion, qui se fait sentir, lorsque ceux qui gouvernent, établissent des choses, qui choquent la manière de penser d'une nation.

Mag immerhin ein solches Auskunftsmittel in Zeiten der Revolution, wo das Staatsschiff von den wüthendsten Stürmen gepeitscht um seine Rettung kämpfen muß, sich als nützlich und zweckmäßig erweisen, so erheischt es doch das Staatswohl ebenso gebieterisch, daß dieser Ausnahmezustand aufhöre, wenn die Gefahr besiegt und eine feste gesicherte Ordnung des Staatslebens wieder eingeführt ist.

Sonst erscheint ein solches Ausnahmegericht als ein permanentes Wahrzeichen des Mißtrauens gegen die Kenntnisse und Unparteilichkeit der Gerichte, oder des fortdauernden Willens der Regierung, nach Umständen ungerecht sein zu wollen. Denn eine eigentliche Rechtfertigung eines solchen Verfahrens giebt es nicht.

Dennoch wird sich selten ein nach politischen Stürmen zur Herrschaft gelangtes Regiment, sei dasselbe liberal oder conservativ, zur Abschaffung eines vorgefundenen Instituts dieser Art entschließen können, nicht nur weil dasselbe die allerbequemste Handhabe gewährt, um die Intentionen der Regierung auf dem Gebiete der Verwaltung in einheitlichem Sinne organisch durchzuführen, sondern weil es ein ganz vortreffliches Mittel ist, wodurch auch die Tragweite der einer Regierung durch politische Parteien abgerungenen Konzessionen abgeschwächt, und sogar erreicht werden kann, daß das neue Gesetz unausgeführt und der alte Zustand so lange konservirt bleibt, bis die Beseitigung solcher nicht durch die Nothwendigkeit gebotener

Reformen[26]) durch eine der Regierung günstigere Strömung auf gesetzlichem Wege erfolgen kann. Deshalb hat auch jede der in Frankreich seit 1790 aufgetauchten Regierungen das Kompetenz-Konflikt-Verfahren beibehalten und fortgebildet. Theoretisch kann dasselbe für Frankreich durch das in die französischen Verfassungen eingeführte Prinzip der Volkssouveränetät gerechtfertigt werden. Es ist eins jener künstlichen Mittel, welche dazu dienen sollen, das Gleichgewicht der sich selbstständig und deshalb feindlich gegenüberstehenden Gewalten herzustellen.

Das Verfahren, so wie dasselbe durch die Ordonnanzen vom 1. Juni 1828, 2. Februar und 12. März 1831 umgestaltet ist, läßt sich kurz dahin angeben:[27])

Nur so lange der Prozeß noch in erster Instanz schwebt, kann der Präfekt, wenn er glaubt, daß die Sache nach der von ihm wörtlich anzugebenden gesetzlichen Bestimmung dem Rechtsweg entzogen sei, die Verweisung an die kompetente Administrativ-Behörde sofort verlangen. Mit diesem Antrage muß sich der Präfekt aber zuvörderst an den Staatsanwalt wenden; dieser muß das Gesuch zwar dem Prozeßrichter mittheilen, jedoch stellt er nur dann, wenn auch er dasselbe für begründet hält, seinerseits den Antrag: „die Sache an die Verwaltung sofort abzugeben." Erklärt sich das Gericht trotzdem für kompetent, so kann nunmehr der Präfekt innerhalb 14 Tagen den Attributions-Konflikt erheben. Die Sache wird dann an den Staatsrath, in dem eine eigene Abtheilung für die affaires contentieuses besteht, abgegeben. Die Verhandlung vor dem Staatsrath geschieht in öffentlicher Sitzung unter dem Vorsitz des Justizministers; sie beginnt mit einem ausführlichen Referat, die Anwalte der Parteien werden gehört. Hierauf faßt der Staatsrath Beschluß, der aber nur durch Königl. Ordonnanz zur Ausführung gelangen kann.

Dieses Verfahren ist es nun, welches seit den Freiheitskriegen in vielen Ländern Deutschlands die reichsgerichtliche Praxis verdrängt hat. Kein Staat ist aber in der Beschränkung des Rechtsweges materiell und formell weiter gegangen, als Preußen.

---

[26]) Die σοφίσματα τῆς νομοθέσεως des Aristoteles, durch welche einem in der That schwächeren Volkstheil ein künstliches Uebergewicht verschafft wird. cfr. Hildebrand, Rechts- und Staatsphilosophie, 1860, Bd. I. §. 99.

[27]) cfr. Das Verfahren bei Kompetenz-Konflikten von Hartmann, Ober-Staatsanwalt beim Ober-Tribunal, 1860. S. 8.

Eine Art Administrativ-Justiz war schon früh in Preußen eingeführt. Alle Rechtsstreitigkeiten nämlich, welche die Königl. Intraden und Domänen, den statum oeconomicum et politicum, überhaupt das interesse publicum betrafen, insbesondere Klagen wegen Prägravation und Steuerexemtionen, alle Polizeisachen waren den 1723 neu eingerichteten Kriegs- und Domänen-Kammern zur ausschließlichen Entscheidung überwiesen, weil „die Kammern von dergleichen Sachen am besten informirt sein und ohne Administration der Justiz nicht wohl bestehen, noch ihrem Officio ein Genüge leisten können". Der Reichshofrath rescribitte zwar 1725, daß diese neu errichteten Kammern zur Zerrüttung des Justizwesens führten, und deshalb abzubestellen seien, widrigenfalls der Kaiser dasjenige, was die Kammern in Justizsachen unternehmen sollten, für Sentenzen oder andere actus judicis keineswegs, vielmehr aber jederzeit für ohnrechtkräftige und an sich ohnzulässige und ohngültige Handlungen ansehen müßte.[28])

Die Kammern blieben trotzdem, nur wurde allmälig das Verfahren in einer den Forderungen der Gerechtigkeit entsprechenderen Art umgestaltet. Zuerst wurden diese Kammer-Justiz-Sachen durch den Kammer-Justitiarius allein entschieden,[29]) seit 1782 aber durch die sogenannten Justiz-Deputationen, welche von dem übrigen Kammer-Kollegio separirt waren und aus rechtsverständigen Personen bestanden. Es waren nunmehr förmliche Gerichtshöfe für das öffentliche Recht geschaffen, bei welchen das Verfahren in geregeltem Prozeßweg mit ausgebildetem Instanzenzuge stattfand. Die Appellationen gingen an das Ober-Revisions-Kollegium und die Revisionen an die Revisions-Deputation des General-Direktorii; in manchen Sachen, z. B. Zoll- und Accise-Sachen, erkannte das Obertribunal in dritter Instanz. Die Oberaufsicht führte das General-Direktorium und der Großkanzler gemeinschaftlich.[30]) Die Grenzen der Gerichtsbarkeit der Kammern und der Justiz waren durch ein sehr specielles Ressort-Reglement vom 19. Juni 1749 bestimmt.[31])

Zweifel über die gegenseitige Kompetenz wurden bis 1756 durch

---

[28]) Merkw. R. H. Concl. II, S. 45.

[29]) Klein, Annalen der Gesetzgebung. Bd. 14, S. 302.

[30]) Starke, Darstellung der Gerichtsverfassung, 1839, I, S. 8—10.

[31]) Mylius C. C. M. Cont. IV. S. 163, N. 66.

eine Kommission von zwei höheren Verwaltungs-Beamten und einem Obertribunals-Rath, seit 1756 durch eine besondere Behörde, die Jurisdictions-Kommission, entschieden. Diese bestand aus zwei höheren Verwaltungsbeamten, sodann dem Kammergerichts-Präsidenten, dem Generalfiscal und einem Tribunals-Rath. Die Kammern und die Justiz-Kollegien mußten im Fall eines Konfliktes an die Kommission berichten und bis zur erfolgten Entscheidung sich jedes weiteren Verfahrens bei Strafe der Verpflichtung zum Schadenersatz enthalten. Diese Behörde entschied jedoch keineswegs darüber, ob eine Sache zum Rechtsweg gehöre oder nicht, sondern nur darüber, ob eine an sich zum Rechtsweg gehörige Sache von dem ordentlichen Richter, den Justiz-Kollegien, oder von dem forum speciale causae, den Kammer-Justiz-Deputationen zu entscheiden wäre. Sie hatte also ganz dieselbe Stellung, wie das Königl. Obertribunal, wenn es heute einen Konflikt entscheidet, welcher zwischen zwei koordinirten Gerichten über die gegenseitige Zuständigkeit entsteht.[32])

Zweifel darüber, ob sich eine Sache überhaupt zum prozessualischen Verfahren eignete, wurden von dem Kollegium, in welchem dieser Zweifel entstand, selbstständig entschieden. Denn schon in dieser Periode war über wirkliche Majestäts- und Hoheitsrechte, gege allgemeine in Gegenständen der Regierung erlassene Verordnungen, und über die Verbindlichkeit zur Entrichtung der von dem König ausgeschriebenen Steuern überhaupt gar kein Prozeß statthaft, weder vor den Justiz-Kollegien noch den Justiz-Deputationen; alle hieraus entstehenden Streitigkeiten wurden von den Kriegs- und Domänen-Kammern in ihrer Eigenschaft als Verwaltungs-Behörden, resp. von dem Monarchen selbst entschieden.

An diesem Zustande, nach welchem also die möglicherweise mit dem Staat entstehenden Streitigkeiten in solche zerfielen, welche

a. von den Kriegs- und Domänen-Kammern, den jetzigen Regierungen, als Verwaltungs-Behörden (reine Administrations-Justiz-Sachen),

b. von den Justiz-Deputationen } Justiz-Sachen
c. von den ordentlichen Justiz-Kollegien }

[32]) Die Entscheidungen dieser von Klein „Hüter der Preuß. Verfassung" genannten Behörde sind zum Theil abgedruckt in Klein's Annalen bis zum 17. Bd., die fehlenden in der Sammlung des Ober-Tribunalsraths v. Heidenreich.

entschieden wurden, hat die Einführung des Allgemeinen Landrechts und der Allgemeinen Gerichts-Ordnung zunächst Nichts geändert. Die Allgemeine Gerichts-Ordnung erwähnt noch an mehreren Stellen die Jurisdiktions-Kommission ausdrücklich, und setzt also das letzterer als Instruktion dienende Ressort-Reglement von 1749 als fortbestehend voraus. Erst durch die Reorganisation, welche die Behörden durch die Verordnung vom 26. December 1808, Verordnung vom 27. October 1810, Instruktion zur Geschäftsführung der Regierungen in den Preuß. Staaten vom 23. October 1817 (Gesetz-Sammlung S. 245) erhielten, wurde

a) die Rechtspflege, welche bisher den Justiz-Deputationen, den Landespolizei- und Finanzbehörden zustand, ohne Ausnahme auf die Gerichte übertragen, so daß nunmehr alle Justiz-Sachen b u. c von den ordentlichen Gerichten entschieden wurden. §§. 3. 14 Verordn. von 1808 Anh. §. 39 Allgemeine Gerichts-Ordnung.

b) Die Jurisdiktions-Kommission hörte selbstredend auf; die Gerichte entschieden fortan völlig selbstständig über ihre Kompetenz, also darüber, ob in einem Streitfall der Rechtsweg gesetz- oder verfassungsmäßig ausgeschlossen sei. Denn die Fälle, in welchen bisher schon jeder Prozeß verfassungsmäßig unzulässig war, blieben, und wurden in der Verordnung von 1808 nur näher präzisirt, in dem Ressort-Reglement vom 20. Juli 1818,[33]) welches für die Rheinprovinz erlassen wurde, sogar noch vermehrt.

Diese Selbstständigkeit der Gerichtshöfe wurde indeß einigermaßen getrübt durch die Kabinets-Ordre vom 6. September 1815 (Gesetz-Sammlung S. 198):

> daß die Gerichtshöfe bei allen ihren Entscheidungen durch Erkenntniß keiner anderen Vorschrift als derjenigen des Gesetzes unterworfen bleiben, und insofern als vollkommen selbstständig zu achten, dagegen aber verpflichtet sind, in allen Gegenständen der Justizpflege, welche nicht zu der Entscheidung durch Urtheil und Recht zu zählen, den Anordnungen des Chefs der Justiz nachzukommen.

Hiernach durften die Gerichte keine Klagen einleiten, wenn ihnen

---

[33]) Lottner, Sammlung der Gesetze der Königl. Pr. Rheinprovinz, Bd. I, S. 500—514.

solches vom Justiz-Minister verboten wurde,[34]) und es war der Regierung wenigstens die Möglichkeit einer Einwirkung auf die Gerichte durch das Medium des Justiz-Ministers eröffnet.

War dagegen die Klage einmal eingeleitet, so war eine Sistirung des Prozesses um deshalb, weil der Einwand der Unzulässigkeit des gerichtlichen Verfahrens erhoben wird, nicht mehr möglich. §. 79 Th. I. Tit. 10 der Allgemeinen Gerichtsordnung schreibt nur vor, daß der Richter über diesen zu den exceptiones litis ingressum impedientes gehörigen Einwand vorweg erkennen dürfe.[35]) Die Regierung, mag sie in den Prozeß verwickelt sein oder nicht, hat hierbei keine größeren Vorrechte, als jede andere Prozeßpartei.[36])

Hierbei blieb es bis zur Kabinets-Ordre vom 30. Juni 1828 (S. 86). Erst durch dieses Gesetz wurde jeder Verwaltungsbehörde die Befugniß beigelegt, sobald sie erachtete, daß in einer zu ihrer Kenntniß gelangten Klagesache der Rechtsweg nach den gesetzlichen Vorschriften unzulässig wäre, den sogenannten Kompetenzkonflikt zu erheben durch Uebersendung eines darüber abzufassenden Beschlusses an das Gericht, mit der Erklärung, daß der Kompetenzkonflikt erhoben werde, und mit dem Antrage, das Rechtsverfahren bis zur Entscheidung über denselben einzustellen und die Akten an den Justiz-Minister zu senden. Hielt dieser den Konflikt für begründet, so wurde das Prozeßverfahren definitiv eingestellt, und die Verwaltung entschied nunmehr materiell in der Sache. Hielt der betreffende Verwaltungs-Ressort-Minister umgekehrt den Konflikt für unbegründet, so wurden die Akten zurückgeschickt und der Prozeß nahm seinen weiteren Fortgang. Nur dann, wenn eine Vereinigung zwischen den Ministerien nicht zu Stande kam, wurde die Sache im Staats-

---

[34]) Erst die Verordnung v. 2. Juli 1846, §§. 34—38 und Art. 86, Verf.: „Die richterliche Gewalt wird im Namen des Königs durch unabhängige, keiner anderen Autorität als der des Gesetzes unterworfener Gerichte ausgeübt" — haben die Abhängigkeit der Gerichte in dieser Beziehung beseitigt.

[35]) Nach §. 5a V. v. 21. Juli 1846 muß dies der Richter stets, wenn der Einwand bescheinigt ist. Verkl. kann alsdann die Einlassung auf die Klage verweigern, bis sein Präjudizial-Einwand der Unzulässigkeit des gerichtlichen Verfahrens rechtskräftig verworfen worden ist.

[36]) §. 7, Tit. 16, I. A. G. O. giebt indeß dem Fiskus eine Nullitäts-Klage gegen ein rechtskräftiges Erkenntniß II. Instanz, wenn sie glaubt, daß die Sache nicht zum prozessiven Verfahren gehöre.

ministerium vorgetragen, und der König entschied hierauf unmittelbar oder trug die Entscheidung dem höchsten Gerichtshofe auf. Die vielfachen Mängel dieses Verfahrens,[37]) durch welches sogar rechtskräftige Entscheidungen beseitigt wurden, besonders aber die ungeheure Vermehrung der dem Rechtsweg entzogenen Gegenstände — eine Vermehrung, welche ihren Grund hatte, theils in finanziellen, theils in reinen Verwaltungs-Bequemlichkeitsrücksichten,[38]) theils in einem Mißtrauen gegen die freisinnige, durch die liberalen Grundsätze des Allgemeinen Landrechts erzeugte Richtung des Richterstandes,[39]) theils in der Furcht, daß jede Konzession, welche der richterlichen Unabhängigkeit gemacht wurde, später gegen die Regierung als Waffe in dem seit den Freiheitskriegen begonnenen politischen Kampfe gebraucht werden würde,[40]) machten die Erledigung dieser Geschäftsmasse durch eine besondere Behörde nothwendig, welche durch das Gesetz vom 8. April 1847 als „Gerichtshof zur Entscheidung der Kompetenz-Konflikte“ errichtet wurde.

Dieser Gerichtshof[41]) ist überwiegend aus höheren Verwaltungsbeamten zusammengesetzt, nämlich dem Präsidenten des Staatsraths, dem Staatssekretär und 9 anderen Mitgliedern des Staatsraths, von denen 4 Verwaltungs- und 5 Justizbeamte sein müssen, ohne daß es nothwendig ist, daß auch nur einer der Letzteren zur Zeit ein richterliches Amt bekleidet. Diese 9 Mitglieder können jeden Augenblick ihrer Funktion enthoben und durch andere ersetzt werden. Seine Thätigkeit tritt ein, wenn eine Central- oder Provinzial-Behörde den Kompetenz-Konflikt erhebt. Ist dies einmal geschehen, so muß Entscheidung erfolgen, mag auch der Konflikt durch den Justizminister oder durch die Gerichte in den bei Einsendung der Akten abzustat-

---

[37]) Hartmann l. c. S. 9.

[38]) Gervinus, Geschichte des 19. Jahrhunderts, S. 563—578.

[39]) Lancizolle l. c. S. 62.

[40]) Bülau, Geschichte Deutschl. S. 398.

[41]) Der seit 1848 außer Activität getretene Staatsrath, constituirt durch die Verordn. vom 27. Octbr. 1817, ist durch Allerh. Erlaß vom 12. Januar 1852, publ. im Minist. Bl. der inneren Verw. pro 1852, S. 21, wieder reaktivirt worden. „Auf den Bericht des Staatsministeriums genehmige Ich, daß der Staatsrath wieder in Wirksamkeit gesetzt werde, und habe die erledigte Stelle des Präs. des Staatsraths dem Präs. des Staatsminist. Frh. v. Manteuffel für jetzt übertragen.“

tenden Berichten für begründet erachtet werden. Nur dann, wenn der Verwaltungschef den von seiner Provinzial-Behörde erhobenen Konflikt nicht für begründet hält, werden die Akten wie früher dem Justizminister zurückgesendet, und dieser veranlaßt den Fortgang des Rechtsverfahrens. Seine Funktion erstreckt sich lediglich auf die Untersuchung der Frage, ob der Rechtsweg zulässig oder ob die Entscheidung der Sache nach den gesetzlichen Vorschriften im Verwaltungswege erfolgen muß; die Verhandlung geht in geheimer Sitzung vor; die betheiligten Privatpersonen oder deren Vertreter dürfen nicht anwesend sein; dagegen ist es dem Justizminister so wie jedem Verwaltungs-Chef gestattet, zu den Berathungen einen Rath seines Departements abzuordnen, welcher über die Sache nähere Auskunft zu geben hat. Fällt die Entscheidung für Ausschließung des Rechtsweges aus, so entscheidet dann materiell über den Anspruch die betreffende Verwaltungsbehörde, und zwar abgesehen von den Sachen, welche zur Kompetenz der General-Kommissionen oder des Revisions-Kollegii gewiesen sind,[42]) meist in der denkbar formlosesten Weise, in geheimer Sitzung ohne Anhörung der Parteien, ohne die schützenden Formen des prozessualischen Verfahrens, in letzter Instanz der Decernent im Ministerium.

Es liegt schon ein entschiedener Widerspruch darin, daß die Entscheidung der Vorfrage, ob das Gericht oder die Verwaltung kompetent sei, in formeller Weise durch einen obersten Gerichtshof, die materielle Entscheidung in den wichtigsten Sachen auf ganz formlose Weise geschehen soll.[43])

---

[42]) cfr. §§. 30—47, 55, G. v. 28. Februar 1843. G. S. S. 41, bei Bewässerungs-Anlagen, Fischerei-Ordnung für die Provinz Preußen und Posen vom 7. März 1845. G. S. S. 107, 114.

[43]) Die Ausschließung des Rechtsweges durch den Kompetenz-Gerichtshof enthält übrigens mit Rücksicht darauf, daß Klagen gegen die Verwaltung erst dann erhoben werden, wenn auch in allen Beschwerde-Instanzen die Anerkennung des Anspruchs verweigert worden ist — meist ein Todesurtheil für die Partei, welche dadurch definitiv der Geltendmachung ihres Rechtes, also des Anspruches selbst beraubt wird. Das Ober-Tribunal hat deshalb die Frage, ob der Rechtsweg zulässig, stets für eine „materielle" erachtet, und hieraus den sehr wichtigen Grundsatz gezogen, daß Gesetze, welche den Rechtsweg beschränken, keine rückwirkende Kraft haben. Entscheidung des Ober-Trib. Bd. 15, S. 433, Bd. 39, S. 309.

Der Kompetenz-Gerichtshof hat stets das Entgegengesetzte angenommen,

Die Erhebung des Konfliktes kann geschehen, sowohl in Prozessen, wobei die Regierung unmittelbar als Partei interessirt ist, als auch in allen zwischen zwei Civilparteien schwebenden Sachen, wenn die Regierung glaubt, daß ihr Ressort betheiligt ist, sogar wider den ausgesprochenen Willen beider Parteien.[44])

Die Erhebung des Konfliktes ist ferner nicht einmal auf das Stadium der ersten Instanz wie in Frankreich beschränkt, sondern kann auch noch in dritter Instanz geschehen, ja selbst gegen den Tenor rechtskräftiger Entscheidungen:

a. wenn nämlich in einem zwischen zwei Privaten geführten Prozeß von einer Partei die Präjudizialeinrede der Unzulässigkeit des Rechtsweges erhoben und dieser Einwand vom Gericht rechtskräftig verworfen worden ist, der Prozeß also weiter seinen Fortgang nimmt, und nun die Regierung auf Anrufen der unterlegenen Partei oder ex officio Konflikt erhebt, so steht das im Vorprozeß gegen die Partei ergangene Erkenntniß der Regierung nicht im Wege, der Kompetenz-Gerichtshof kann trotzdem den Rechtsweg ausschließen;[45])

b. im Fall des negativen Kompetenz-Konfliktes. Ein solcher ist vorhanden, wenn sowohl das Gericht als die Verwaltung sich in einer Sache incompetent erklärt haben.[46])

Um der Partei die Verfolgung ihres Anspruches nicht ganz unmöglich zu machen, soll alsdann der Kompetenz-Gerichtshof endgültig entscheiden, welche Behörde kompetent sei. Diese Behörde muß sich sodann unweigerlich der materiellen Entscheidung in der Sache

---

„weil formelle Gesetze, wie die der Kompetenz und des Verfahrens nach feststehenden Grundsätzen (?) auf alle späteren Rechtssachen ohne Unterschied Anwendung finden, mag der Anspruch früherer oder späterer Zeit angehören.“ cf. Justiz-Minist.-Blatt 1860, S. 329.

[44]) J. M. Bl. 1855, S. 401, 1858, S. 339.

[45]) J. M. Bl. 1848, S. 167, 1855, S. 238.

[46]) z. B. Ein altgläubiger Jude beschwerte sich bei der Regierung über die von der Reformpartei bei dem Gottesdienst eingeführten Neuerungen und behauptete, daß er hierbei in seinen Individual-Rechten verletzt worden sei. Die Regierung lehnte die Entscheidung ab, weil das Ges. v. 23. Juli 1847, S. 263, über die Verhältnisse der Juden noch nicht in der qu. Judenschaft eingeführt sei. Als er hierauf Klage bei Gericht erhob, wurde dieselbe schließlich vom Ober-Tribunal durch Erkenntniß vom 15. Juli 1853, Bd. 26, S. 361, als nicht zum Rechtsweg gehörig zurückgewiesen.

unterziehen. Hat also das Ober-Tribunal den Kläger zurückgewiesen, weil die Sache nach den Gesetzen sich zu einem prozessualischen Verfahren nicht eignet, so muß es, falls der Kompetenz-Gerichtshof die entgegengesetzte Ansicht hat, sich der vorher abgelehnten materiellen Entscheidung in der Sache unterziehen, und somit die Annullirung des gefällten Erkenntnisses selbst mit vollziehen.[47])

Daß der Kompetenz-Gerichtshof an die bloßen Gründe der Erkenntnisse des Ober-Tribunals nicht gebunden ist, bedarf keiner Ausführung, da die Rechtskraft der Gründe nach Preußischem Recht nur beschränkt eintritt. Es sind deshalb mehrfach solche Fälle vorgekommen, wo die Sache von dem Rechtsweg gewiesen worden, nachdem sich das Ober-Tribunal bereits ausdrücklich für Zulässigkeit des Rechtsweges ausgesprochen und die Sache nur zur Vervollständigung der Beweisaufnahme in die untere Instanz zurückgewiesen hatte. Erst in diesem Stadium erhob die Regierung, als das letzte Mittel, sich gegen den Verlust des Prozesses zu sichern, den Konflikt.

So hat gegenwärtig [48]) in Preußen eine souveräne, überwiegend aus höheren, stets absetzbaren Verwaltungsbeamten bestehende Behörde, an deren Spitze sich zudem noch der Minister-Präsident befinden kann, die Macht, jeden Spruch der Gerichte, unter Umständen sogar die rechtskräftigen Erkenntnisse des obersten Gerichtshofes dem Effekte nach zu annulliren, sobald gefunden wird, daß ein Eingriff der Justiz in die Verwaltung vorliege.

Daß diese Institution in einem monarchischen Staat ein Eingriff in die Funktionen des Richteramtes ist und sich nur aus Gründen der Zweckmäßigkeit rechtfertigen läßt, ist bereits dargethan.

Es fragt sich nur, welches diese Utilitätsgründe sind, d. h. welche Gefahren dräuen, wenn diese Institution nicht bestände, der Richter also nach dem von jeher in Deutschland geltenden Rechte selbst darüber zu urtheilen hätte, ob sich eine Sache zum prozessualischen Verfahren eignet. Zu diesem Behufe müssen die Hauptgebiete, auf welchen nach den bestehenden Gesetzen Justiz und Verwaltung mit

---

[47]) cf. Die Allgem. Verfügung vom 18. August 1848, J. M. Bl. 1848, S. 272, und den Fall daselbst, S. 420.

[48]) Art. 90 der Verf.: „Ueber Kompetenz-Konflikte zwischen den Verwaltungs- und Gerichtsbehörden entscheidet ein durch das Gesetz bezeichneter Gerichtshof" in Verbindung mit der Reactivirung des Staatsraths beseitigt jeden Zweifel gegen seine verfassungsmäßige Fortexistenz.

einander in Konflikt gerathen können, näher dargestellt und es muß ferner aus den veröffentlichten Entscheidungen des Kompetenz-Gerichtshofes[49]) geprüft werden, ob wirklich in der Justiz die Neigung zu Eingriffen in die Verwaltung vorherrschend ist.

Eine allgemeine Formel, durch welche die Grenzen der Gebiete der Justiz und Verwaltung bestimmt werden könnten, giebt es auch im Preußischen Recht nicht. Die allgemein verbreitete Lehre, daß Alles was die „öffentliche Sphäre," das „öffentliche Recht" angehe, zur Verwaltung, Alles was die „Privatrechtssphäre," das „Privatrecht" betreffe, zum Richter gehöre, ist zur Lösung des Problems nicht geeignet. Einmal weil es überhaupt der Wissenschaft noch nicht gelungen ist, eine feste Scheidung zwischen dem jus privatum, quod ad singulorum utilitatem spectat, und dem jus publicum, quod ad statum rei Romanae spectat, selbst für das Römische Recht, wo die Trennung am schärfsten durchgeführt ist, zu finden.[50]) Denn das öffentliche Recht umhüllt das Privatrecht (Baco: Jus privatum sub tutela juris publici latet). Das Letztere erhält erst durch den Schutz, welchen der Staat gewährt, seine Realität. Civilprozeß und Kriminalrecht sind beides anerkannte Disciplinen des öffentlichen Rechts. Der Kriminalrichter hat über die wichtigsten Fragen des öffentlichen Rechts, ob ein Attentat gegen die Sicherheit, Verfassung, Integrität des Staats verübt worden, zu entscheiden und ist hierbei an die Auffassung der Regierung, welche doch in einem eminenten Grade bei der Entscheidung interessirt ist, nicht gebunden. Die letzten Entstehungsgründe des Rechts beruhen ferner nicht blos rein auf dem Rechtsgebiet an sich, dem jus strictum und der aequitas, sondern auch auf dem öffentlichen Gebiet, der Beachtung sittlicher und kirchlicher Zwecke, sowie des Staatsinteresses. Die aus diesen Motiven entspringenden Bestimmungen des Civilrechts, die sogenannten anomalischen Rechtsregeln,[51]) das jus singulare quod contra tenorem rationis propter aliquam utilitatem auctoritate constituentium introductum est, werden deshalb von den Römern ebenfalls mit unter

---

[49]) Nach dem Ges. v. 1847, §. 17 hängt die Veröffentlichung von dem Ermessen des Justiz-Ministers sowie der Verwaltungs-Chefs ab. Die meisten Entscheidungen sind im J. M. Bl. abgedruckt, die citirte Schrift von Sydow enthält auch die bis dahin nicht veröffentlichten.

[50]) Puchta Pandekten 1850, §. 45.

[51]) Savigny, System I, S. 25, 52 ff.

das jus publicum gerechnet, weil es die Rechtsregeln des Privatrechts sind, „wobei der Populus ein Interesse hat.“ Das Interesse, welches der Staat an der Durchführung seiner Anschauung auf diesem Gebiete hat, (z. B. bei Eheverboten, Luxus-Gesetzen, Ungültigkeit gewisser Verträge, Alimentation der unehelichen Kinder) — ist häufig erheblicher als wo es sich um eigentliche Verwaltungsakte handelt, für welche das Prädikat des öffentlichen Interesses allein in Anspruch genommen wird.

Sodann aber ist zweitens dem Allgemeinen Landrecht die Scheidung der Rechtsverhältnisse in öffentliche und private, sowie des Rechts, im objektiven Sinne, in öffentliches Recht und Privatrecht völlig fremd. Das Landrecht rechnet noch die gesammten Rechte und Pflichten, welche dem Staatsbürger als Mitglied der Geburts- und Berufsstände, der Gemeinden, der Religions- und Schulengesellschaften gebühren, zu dem reinen Privatrecht, während manche dieser Rechtsverhältnisse heute selbst von manchen Germanisten (z. B. Gerber, deutsches Privatrecht 1852 Seite 74 ff.) zu den Bestandtheilen des öffentlichen gezählt werden. Alle Streitigkeiten, welche aus diesen Verhältnissen entstehen können, gehören nach dem von Suarez in seiner Abhandlung über den Inhalt der preußischen Landesgesetze[52]) sehr klar dargelegten Standpunkt des Allgemeinen Landrechts zur richterlichen Entscheidung.

Diese sich auf die althergebrachte Verfassung gründenden Anschauungen[53]) sind durch die spätere Special-Gesetzgebung zum

[52]) Siewert, Materialien zur wissenschaftl. Erklärung der Preuß. Landes-Gesetze, 1800, S. 3—25.

[53]) Suarez erklärt es wiederholt in den Vorträgen, welche er dem damaligen Kronprinzen über das Allgem. Landrecht gehalten hat, und wovon sich Abschriften in 3 Foliobänden in der Bibliothek des Justiz-Ministerii befinden, für einen Vorzug des Gesetzbuches, daß nicht nur diese, sondern auch alle Angelegenheiten, über welche nach der Preuß. Staatsverfassung Prozesse zwischen Unterthanen des Staats und dem Fiskus entstehen können, durch vollständige Vorschriften bestimmt worden sind. — v. Kamptz, Jahrbücher, Bd. 41, S. 17a, S. 179 eod., in den amtlichen Vorträgen Suarez bei der Schlußrevision heißt es ad Tit. XIII—XVI: Diese Titel enthalten eine Zusammenstellung der Resultate, welche aus der wirklich bestehenden inneren Staats- und Landesverfassung aus den wenigen emanirten Edikten und Provinzial-Verordnungen gezogen worden. Da es nun niemals die Absicht gewesen ist, bei allen diesen Materien irgend etwas Neues gegen die bisherigen Einrichtungen einzuführen, so findet sich darin kein weiterer Stoff für die gegenwärtige Prüfung.

Theil verändert, aber nie vollständig aufgehoben worden, so daß die häufig sehr schwierige Frage, welche Gegenstände heut zu Tage dem Rechtsweg entzogen sind, in jedem Streitfalle nur durch eine Vergleichung des alten Rechts mit der neueren Gesetzgebung beantwortet werden kann.

Hiernach ist es gewiß, daß Beschwerden wegen Verletzung der politischen Rechte dem Rechtsweg entzogen sind, selbst wenn dies nicht ausdrücklich vorgeschrieben wäre; denn §. 1 der Einleitung zur Allgemeinen Gerichtsordnung, welcher den Umfang der richterlichen Kompetenz bestimmt, läßt einen richterlichen Ausspruch nur zu in Streitigkeiten über Sachen und Rechte, welche einen Gegenstand des „Privat-Eigenthums" ausmachen. Unter „Privat-Eigenthum" kann man aber selbst im weitesten Sinne nur die gesammten von dem Landrecht zum Privatrecht gerechneten Vermögens- und Personen-Rechte (Entsch. des Obertribunals v. 9. Aug. 1841 Bd. 7. S. 137), aber nicht die politischen im Landrecht gar nicht erwähnten Rechte verstehen. Die Verordnung vom 14. December 1833 über das Rechtsmittel der Revision und Nichtigkeitsbeschwerde bezeichnet deshalb als die Gegenstände, worüber möglicherweise ein Rechtsstreit zulässig sein kann, außer den Vermögensrechten nur noch die Familien- und Standesverhältnisse, sowie Ehrenrechte, mögen dieselben allein oder in Verbindung mit anderen daraus abgeleiteten Ansprüchen zur richterlichen Entscheidung gestellt werden.

Ein großer Theil der Standesrechte im landrechtlichen Sinne ist allmälig in den ausschließlichen Bereich der Verwaltung gezogen worden. So entscheidet z. B. das Hausministerium darüber, ob eine Familie, welche sich in zwei Geschlechtsfolgen ihres Adels nicht bedient hat, befugt ist, davon wieder Gebrauch zu machen. §. 120 Anh. z. Allgem. Landrecht. Durch das Gesetz v. 8. Mai 1837 (S. 99) ist der Regierung die Macht beigelegt, durch Plenar-Beschluß, gegen welchen nur Recurs an das Ministerium des Innern stattfindet, jedem Rittergutsbesitzer die persönliche Fähigkeit zur Ausübung der Standschaft oder des Patronats wegen Bescholtenheit abzusprechen und die Kosten der anderweitigen Verwaltung des Patronats mit Ausschluß jedes Prozesses einzuziehen. Im Verwaltungswege wird ferner darüber entschieden, ob Jemand die Eigenschaft eines Preußen, also das Staatsbürgerrecht im Sinne des Artikels 3 der Verfassung erworben oder verloren habe, ob Jemand als Angehöriger einer Stadt-

oder Dorfgemeinde anzusehen,[54]) ob Jemandem der Aufenthalt an einem bestimmten Ort gestattet, ob der Auswanderungskonsens ertheilt werden soll,[55]) ob der bei der Kommunal-Behörde angemeldete Gewerbebetrieb zu untersagen, ob die nach der Gewerbe-Ordnung zur Betreibung gewisser Gewerbe erforderliche besondere Konzession ertheilt oder wegen Unwürdigkeit entzogen werden soll.[56]) Geräth die Regierung über solche Fragen mit der Volksvertretung in Kollision, wie dies z. B. darüber geschehen ist:

ob die Regierung befugt sei, trotz §. 54 des Preßgesetzes vom 12. Mai 1851 Buchdrucker-Konzessionen im Verwaltungswege zu entziehen;[57])

ob die Bescholtenheit, welche die Regierung nach §. 1 des Preßgesetzes zur Verweigerung einer solchen Konzession berechtigt, identisch mit dem Vollbesitz der bürgerlichen Ehrenrechte oder in dem weiteren Sinne der gesetzlichen oder politischen Unzuverlässigkeit zu nehmen ist;[58])

ob die Regierung befugt ist, Jemandem aus andern als in dem Gesetz vom 31. December 1842 §§. 2—6 aufgeführten Gründen die Niederlassung zu versagen;

ob einem als unverdächtig legitimirten Inländer der vorübergehende Aufenthalt in einer fremden Stadt aus beliebigen Gründen durch Verweigerung einer Aufenthaltskarte untersagt werden kann, und ob der Polizeibehörde das Recht der Ausweisung d. h. der Ortsverbannung zusteht;[59])

ob den Juden und Mennoniten wegen ihres Glaubens die Zulassung zu gewissen Aemtern und Würden (Standschaft, Schulzen-, Richteramt) oder der Erwerb von Grundstücken zu versagen;[60])

so kann die Regierung unbekümmert um die Beschlüsse der Kammern, welche Petition auf Petition der Staatsregierung zur Abhülfe überweisen, ihre vielleicht mit dem Gesetz und der Verfassung sich im

---

[54]) Gesetz vom 31. Dezember 1842. G. S. 1843, S. 5.

[55]) Rönne l. c. S. 316.

[56]) Allgem. Gewerbe-Ordn. v. 17. Jan. 1845. G. S. S. 41.

[57]) Dieser Zweifel ist jetzt durch die Dekl. v. 12. Mai 1860 (G. S. S. 185) beseitigt.

[58]) Rönne l. c. S. 356.

[59]) Rönne l. c. S. 310—316.

[60]) Rönne l. c. S. 381 ff.

offenbaren Widerspruch befindende Auffassung durchsetzen, ohne daß der richterliche Schutz angerufen werden kann.

Die indirekte Hülfe, welche die Gerichte dadurch gewähren könnten, daß sie den durch solche gesetzwidrige Ausweisungs- oder Konzessions-Entziehungs-Maßregeln auch in ihrem Vermögen empfindlich verletzten Petenten eine Geldentschädigung gegen die Verwaltung resp. deren Beamten, zusprächen, wodurch sich die Regierung wohl veranlaßt finden würde, von ihrer durch die Gerichte reprobirten Auslegung der Gesetze abzugehen — konnte von den Preußischen Gerichtshöfen bisher nicht gespendet werden, weil der Kompetenz-Gerichtshof wegen solcher bloß auf die Gesetzwidrigkeit von Verwaltungsmaaßregeln basirten Entschädigungsklagen den Rechtsweg ausgeschlossen hat.[61])

Da die Regierung solchergestalt auf dem Gebiet der politischen und staatsbürgerlichen Rechte vollkommen freie Hand hat; da es ferner unzweifelhaft ist, daß alle Beschwerden wegen Erfüllung der Militärpflicht, z. B. wenn gegen die Einziehung protestirt wird, weil der Ausgehobene noch nicht 20 Jahr, weil er der einzige Ernährer der Familie (Ersatz-Instruktion vom 30. Juni 1817), oder daß Jemand länger als gesetzlich in den Reihen zurückgehalten wird, vom Rechtsweg ausgeschlossen sind; da es endlich ebenso gewiß ist, daß alle Beschwerden über die ungebührliche Heranziehung zur Erfüllung der persönlichen Staats- und Gemeinde-Pflichten ebensowenig dem Rechtsweg unterliegen, als Klagen darüber, daß ein Amt, ein Privilegium, eine Konzession zur Errichtung einer Aktien-Gesellschaft, ein Patent[62])

---

[61]) cfr. J. M. Bl. 1851 S. 154, 1859 S. 216 wegen Gewerbe-Konzessionen. Erk. v. 5. Juni 1852, Ministerial-Blatt der inneren Verwaltung, S. 289 wenn ein von der Polizeibehörde im Interesse der Sicherheitspolizei Ausgewiesener, nachdem die Ausweisungs-Maßregel zurückgenommen, unter der Behauptung, daß die Ausweisung ungerechtfertigt gewesen, wegen des ihm angeblich durch dieselbe zugefügten Schadens von dem Fiskus Vergütung beansprucht.

[62]) cfr. K. O. v. 27. Sptbr. 1815, Kamptz's Annalen Bd. 7, S. 827. Nach der Uebereinkunft mit den Zollvereins-Staaten v. 21. September 1842 (G. S. 1843, S. 265) hat die Verwaltung allein zu entscheiden, ob die Voraussetzung der Neuheit und Eigenthümlichkeit der Erfindung gegründet sind, Entschädigungsklagen wegen Verletzungen des Patentrechts sind erst dann zulässig, wenn die Verwaltung eine Warnung an den Konkurrenten erlassen hat. Erk. des Ober-Tribunals v. 29. Jan. 1848, Bd. 16, S. 117.

nicht bewilligt worden, — da dies alles so unzweifelhaft ist, daß der Kompetenz-Gerichtshof auch nicht ein einziges Mal in die Lage gebracht worden ist, einen Eingriff dieser Art zurückzuweisen: so bleibt für das eigentliche Hauptgebiet der Preußischen Kompetenz-Konflikte nur die Gruppe der reinen Vermögensverletzungen übrig, welche durch Akte der Staatsgewalt, sei es im Wege der Gesetzgebung oder der Administration, den Einzelnen zugefügt werden.

I. Steuern und Abgaben.

Schon die Verordnung vom 26. Dezember 1808 autorisirt die Regierungen, damit nicht durch frivole Klagen eine Verwirrung und Stockung in die Finanzverwaltung gebracht werden kann, des gegen ihre Verfügung erhobenen Widerspruchs ungeachtet, alle landes- sowohl als grundherrlichen Revenuen, Abgaben und Dienste unbeschränkt zur Leistungszeit einzutreiben; die Verordnung vom 24. November 1843 für die Rheinprovinz (Ges.-Samml. S. 35), vom 30. Juni 1845 für Westphalen (Ges.-Samml. S. 444), vom 30. Juli 1853 für die östlichen Provinzen mit Ausschluß von Neuvorpommern (Ges.-Samml. S. 909), vom 1. Februar 1858 für Neuvorpommern (Ges.-Samml. S. 85), haben dieses Exekutionsrecht auf alle direkten und indirekten Steuern so wie auf alle öffentlichen Abgaben, welche an Gemeinden, Korporationen, so wie an ständische Kassen zu entrichten sind, oder als Provinzial-, Kreis- oder Gemeinde-Lasten oder zur Unterhaltung öffentlicher Anstalten aufzubringen sind, also auf alle Kommunal-, Kirchen-, Schul- und Armen-Abgaben 2c. ausgedehnt. Die Königlichen Abgaben werden von den Königlichen Behörden, die Kommunal-Abgaben von den Kommunal-Behörden eingezogen. So ist der sichere Eingang der zur Bestreitung der öffentlichen Bedürfnisse erforderlichen Mittel vollständig gesichert. Die Aktion der Regierung kann nie gelähmt werden, wenn auch Tausende von Prozessen wegen der Verpflichtung zur Zahlung der von ihr eingezogenen Steuern angestrengt werden; denn nach §. 42 N. 5 Verordnung von 1808[63]) darf der Exekution von den Gerichten kein Hinderniß in den Weg gelegt werd, „es sind keine Possessorien-Klagen wider dergleichen exekutivische Maßregeln der Regierung zulässig; auch muß es bei denselben so lange verbleiben, bis die Sache im Petitorium völlig

63) cfr. G. S. 1817, S. 285.

rechtskräftig entschieden ist, im Fall die betreffende Regierung nicht selbst deren Abänderung für zuträglich erachtet."

Die Zulässigkeit des Rechtsweges ist gesetzlich hinsichtlich der Kommunalsteuern weiter begränzt, als wegen der Landessteuern. Das Ressortreglement von 1749, welches heute noch, soweit es nicht ausdrücklich aufgehoben ist, für ein Landesgesetz zu erachten ist, läßt hinsichtlich der „Streitigkeiten, welche die Magisträte mit ihren Bürgern über Praestationes haben, so in die Kämmerei einfließen", den Rechtsweg unbeschränkt zu, während derselbe hinsichtlich der „Accise, Licent-Kontribution, Steuersachen nur zugelassen ist, wenn eine Exemtion oder Praegravation behauptet wird." Das Allgemeine Landrecht schreibt ganz dasselbe vor hinsichtlich der Kommunalabgaben §. 131 Tit. 8 Th. II: „Sobald wegen der Verbindlichkeit zu den abgeforderten Beträgen oder über die Verwirkung einer Polizeistrafe Streit entsteht, muß derselbe der Entscheidung des gehörigen Richters überlassen werden," während nach §§. 70—80 Tit. 14 Th. II der Rechtsweg über die Verbindlichkeit zur Entrichtung allgemeiner Anlagen, denen sämmtliche Einwohner des Staates oder alle Mitglieder einer gewissen Klasse nach der bestehenden Landesverfassung unterworfen sind, nur dann zuläßig ist, wenn Jemand

1. die Befreiung von einer solchen Abgabe aus besonderen Gründen, Privilegium, Vertrag, Verjährung behauptet;[64])

2. wenn er behauptet, in der Bestimmung seines Antheils über die Gebühr belastet zu sein.

Die Steuer-Exekution kann jedoch nur gehemmt werden, wenn Jemand eine Exemtion behauptet und zugleich wenigstens seit zwei Jahren im Besitz der Freiheit sich befindet.

Die Entscheidung aller dieser Streitigkeiten, welche sonach so-

---

[64]) d. h. nur die qualificirte Verjährung ex §§. 651—59, Tit. 9 des A. L. R. Hiernach hat nur derjenige Befreiung durch Verjährung erlangt, welcher nachweist, daß er

a. zur Entrichtung aufgefordert, sich aber der Leistung geweigert hat;

b. seit 50 Jahren davon freigeblieben ist.

Der Einwand der erlöschenden Verjährung soll den Rechtsweg nicht begründen; darüber, ob eine verfallene Steuer wegen Ablaufs der kurzen 4 Jahre Verjährungsfrist nicht mehr nachgefordert werden kann, hat lediglich die Verwaltung zu entscheiden. J. M. Bl. 1851 S. 176, 1857 S. 118, 1859 S. 107.

wohl die Zurückforderung der im Exekutionswege eingezogenen Steuern als die Befreiung von der ganzen Steuerlast für die Zukunft zum Gegenstande haben können, war bis 1808 den Justiz-Deputationen anvertraut, und ist nach der deutlichen Vorschrift des §. 14 der Verordnung von 1808 in dem bisherigen Umfange voll und uneingeschränkt auf die Gerichte übergegangen.[65])

Hieraus ergiebt sich, daß die Gerichte über Beschwerden wegen Kommunal-Steuern ganz unbeschränkt zu erkennen hatten. Weil die Ungenauigkeit der Vorschriften des Allgemeinen Landrechts Th. II Tit. 8 §§. 130. 131 der früheren Verbindung der Administration und Justiz zuzuschreiben, sind die Verwaltungsbehörden jedoch durch eine Reihe von Ministerial-Reskripten aus den Jahren 1826, v. Kamptz Annalen Bd. 10 S. 1067, 1836, v. K. Annalen Bd. 20 S. 143, Jahrbücher Bd. 47 S. 531, 1840, Ministerial-Blatt der innern Verwaltung 1840 S. 220, 1841, eod. 1841 S. 111 angewiesen worden, Kommunal- und Landessteuern hinsichtlich des Rechtsweges gleich zu behandeln. Nachdem das Obertribunal durch das Präjudiz 2430 vom 3. Februar 1853, Entscheidungen Bd. 25 S. 45, ausgesprochen hat:

„Die Zulässigkeit des Prozesses wegen Gemeindelasten wird nach den Grundsätzen der §§. 78. 79 Tit. 14 des Allgemeinen Landrechts beurtheilt.“[66])

---

[65]) Dennoch heißt es in dem Erk. v. 25. Septbr. 1852, J. M. Bl. pro 1853 S. 44: „Die Entscheidung der Streitigkeiten über Gemeinde-Abgaben ist von den Kriegs- und Domänenkammern als zur Ausübung des Hoheitsrechtes der Oberaufsicht über die Kommunen gehörend bei der 1808 ausgeführten völligen Trennung der Justiz von der Verwaltung den Regierungen, wie von da an die Provinzial-Verwaltungs-Behörden genannt werden, verblieben.“

[66]) Früher hatte das Ober-Tribunal eine andere Ansicht. In dem Plenarbeschluß Präj. 1716, 20. März 1846, Entsch. Bd. 13, ist ausdrücklich ausgesprochen, daß die staatsrechtlichen Gründe, die den Hoheitsrechten gegen jeden Eingriff der Unterthanen Schutz verleihen müssen, bei den Gemeinde-Verhältnissen ganz fortfallen. Noch in dem Erk. v. 14. Oktbr. 1851, Striethorst's Archiv für Rechtsfälle Bd. 3 S. 126, wo es sich um Heranziehung einer Eisenbahn-Gesellschaft zur Miethssteuer handelte, ist die fortdauernde Gültigkeit des §. 131, Tit. 8 l. c. ausdrücklich anerkannt. Die neuere Ansicht wird hauptsächlich darauf gestützt, daß die Kommunallasten in den meisten Beziehungen den Steuerlasten gleich gestellt sind, und daß das Interesse, welches der Staat an der Erhaltung einer Dorfgemeinde hat, und weshalb er deren Verwaltung in oberster Instanz

hat der Kampf, welcher bisher Seitens der Gerichte gegen die jetzt nach Art. 86 der Verfassung nicht mehr maßgebenden Ministerial-Reskripte unterhalten wurde, aufgehört, und es ist die von dem Kompetenz-Gerichtshofe und dem Obertribunal adoptirte Ministerial-Reskripten-Praxis herrschend geblieben. Aller Konflikt, welcher gegenwärtig noch zwischen Justiz und Verwaltung besteht, beschränkt sich auf den Umfang der Prozeßfähigkeit der Landessteuern, insbesondere, wenn Praegravation behauptet wird. Eine solche ist nach dem Gesetz-Revisor Pensum XII S. 152 vorhanden, wenn eine Abgabe gar nicht in dem Gesetz begründet ist, also die Rechtmäßigkeit der ganzen Erhebung bestritten wird, oder wenn die Abgabe höher als zulässig bestimmt wird, also wenn die Veranlagung Grund zur Beschwerde giebt. Die Veranlassung einer Pragravation kann ferner darin liegen, daß die Behörde irrigerweise das Vorhandensein der thatsächlichen Voraussetzungen, von welchen die Heranziehung zu einer bestimmten gesetzlich feststehenden Steuer abhängt, im konkreten Fall als vorhanden annimmt, während sie es nicht sind. Der Streit wird sich dann darüber bewegen, ob das Einkommen zu hoch taxirt, das Grundstück zu hoch bonitirt, daß der Steuerpflichtige oder sein Grundstück überhaupt gar nicht rechtlich einem bestimmten Steuerbezirk z. B. der die Steuer verlangenden Kommune angehöre, weil er bereits von einer anderen Kommune niedriger besteuert ward, weil er sein Domizil wo anders aufgeschlagen; ferner ob Jemand als Kaufmann Tit. A oder B, als Handelsmann oder Handwerker zu besteuern sei. Die Beschwerde kann weiterhin nach zwei Richtungen geltend gemacht werden: gegen den Staat (Kommune), weil derselbe mehr fordert und einzieht, als ihm gebührt; gegen die andern Kontribuenten, wenn der Staat nur empfängt, was ihm gebührt, der Petent aber behauptet, daß er im Verhältniß zu seinen Mitkontribuenten zu hoch, diese also zu niedrig besteuert worden. Im ersten Fall fordert er Zurückzahlung vom Staat, im zweiten Fall Ausgleichung von seinen Mitkontribuenten. Suarez wollte ursprünglich nach seinen in den Materialien zum Allgemeinen Landrecht Bd. 19 S. 39, 40 geäußerten Ansichten, den Rechtsweg nur im letzten Fall zulassen,

---

bewirkt, es nicht gestattet, daß die zum Bestehen der Korporationen getroffenen Anstalten und Verwaltungsgrundsätze durch einzelne Mitglieder vom Ausfall eines Prozesses abhängig gemacht werden können.

wenn der Staat bei der Praegravation gar kein Interesse hat, z. B. wenn der Landesherr eine Abgabe von 109,000 Thlr. der Stadt Berlin auflegt und bei deren Aufbringung unter den Kontribuenten Streit entstände." Der Gesetz-Revisor Seite 149 l. c. weist indeß aus den weiteren Materialien unseres Erachtens überzeugend nach, daß Suarez in Folge der eingegangenen Monita seine Ansicht aufgegeben, und daß er Klagen wegen Praegravation auch gegen den Fiskus habe zulassen wollen. Weil jedoch in dem §. 9 Tit. 14 l. c., auf welchen §. 79 eod.:

> „Behauptet aber Jemand in der Bestimmung seines Antheils über die Gebühr belastet zu sein, (§. 9) so soll er darüber rechtlich gehört werden —"

Bezug nimmt, nur Streitigkeiten der Kontribuenten unter einander erwähnt sind. (§. 9 lautet wörtlich:

> „Streitigkeiten, welche über die Vertheilung der aus dem Besteuerungsrecht fließenden Abgaben unter den Kontribuenten entstehen, werden nach den Regeln einer ohne ausdrücklichen Vortrag entstandenen Gemeinschaft beurlaubt;")

weil ferner der Verwaltung durch eine Reihe von Spezial-Gesetzen überwiesen sind: alle Beschwerden über die Einschätzung zur Klassen- und klassifizirten Einkommensteuer, Gesetz vom 1. Mai 1851 (Gesetz-Sammlung Seite 193), über die Einschätzung eines Grundstücks und über Abschätzung des steuerbaren Reinertrages oder über die verhältnißmäßige Gleichheit der angenommenen Kataster-Reinerträge bei Aufnahme der Kataster in Westphalen und der Rheinprovinz, Gesetz vom 21. Januar 1839, (Gesetz-Sammlung Seite 36) über den Ansatz zur Gewerbesteuer, Gesetz vom 30. Mai 1820 (Gesetz-Sammlung Seite 147), über Zweifel, welche in Betreff der richtigen Anwendung des Zolltarifs auf die einzelnen zollpflichtigen Gegenstände entstehen; Gesetz vom 23. Januar 1838 (Gesetz-Sammlung Seite 88), weil endlich die Deklaration zum Stempelgesetz vom 18. November 1828 (Gesetz-Sammlung 1829 Seite 16) verordnet:

> „Wer außer diesen Fällen (der Exemtion) vermeint, daß er bei Festsetzung oder Einziehung einer Stempelsteuer dem Gesetz nicht gemäß behandelt worden, hat seine Beschwerde gegen die festsetzende Behörde im Wege der Beschwerde zu verfolgen:"

so hat der Kompetenz-Gerichtshof die ältere Ansicht Suarez' festgehalten und wegen einer behaupteten Prägravation den Rechtsweg nur zugelassen, wenn darüber unter den Kontribuenten gestritten wird;[67]) und auch dann nur mit der Wirkung, daß die Verwaltung nicht nöthig hat, die Vertheilung der Last unter den Kontribuenten nach dem richterlichen Spruch vorzunehmen.[68])

Nach den Grundsätzen des Kompetenz-Gerichtshofes findet also eine Klage wegen öffentlicher Steuern und Abgaben gegen die Staats- oder Kommunal-Verwaltung überhaupt nur dann statt, wenn eine Exemtion behauptet wird, also wenn Kläger durch ein ausdrückliches Privilegium oder durch einen mit dem Staate oder der Kommune geschlossenen Vertrag oder durch eine gegen den Staat (Kommune) vollendete Verjährung eine Steuerbefreiung erworben zu haben behauptet. Wegen aller sonstigen Beschwerden und Reklamationen ist der Rechtsweg ausgeschlossen. Deshalb ist vom Kompetenz-Gerichtshof der Rechtsweg für unzulässig erklärt worden:

a. darüber, ob eine Abgabe (Entschädigungsrenten in Posen) als schutzherrliche durch Artikel 42. der Verfassung aufgehoben sei; denn „diese Behauptung kann als ein besonderer Grund, als ein spezieller Rechtstitel für die vom Kläger in Anspruch genommene Befreiung nicht angesehen werden, sie betrifft die

---

[67]) Ebenso das Ober-Tribunal in der bereits erwähnten Entscheidung, Bd. 25, S. 51. In dem Erk. v. 5. Oktbr. 1852, Entsch. 24 S. 166, hat das Ober-Tribunal sogar ausgesprochen: Ueber eine Klage, welche die Abänderung der von den Kreisständen beschlossenen Repartition von Kreislasten unter den Klassen einer einzelnen Gemeinde zum Gegenstande hat, steht den Gerichten keine Kognition zu. Es hatten 9 bäuerliche Wirthe behauptet, in Bezug auf die Kreisabgaben den Büdnern, dem Besitzer der Mühle und Schmiede gegenüber überbürdet zu sein, weil der Schulze, selbst Büdner, die Beiträge fast ausschließlich von ihnen, unter Freilassung der Letzteren einziehe. Sie klagten deshalb gegen den Büdner und den Schmied zu erkennen, daß diese zu den Kreisabgaben verhältnißmäßigen Beitrag nach einer Fraktion aus der Grund- und Klassensteuer zu leisten schuldig. Das Ober-Tribunal führt aus, die Klage betreffe ein publizistisches Rechtsverhältniß, welches die Verwaltungsbehörden innerhalb ihres Amtsbereichs geordnet, darüber hätten die Gerichte nicht zu entscheiden.

[68]) cfr. J. M. Bl. 1854 S. 363, 432: Das richterliche Erkenntniß stellt nur das private Verhältniß unter den Parteien fest, ohne die Kommunal-Verwaltung und die Aufsichtsbehörde zu hindern, die Veranlagung anders zu treffen. Weicht das vom Richter festgesetzte Beitragsverhältniß von dieser Veranlagung ab, so hat es nur die Folge, daß die Kontribuenten unter sich auszugleichen haben.

Ungültigkeit der ganzen Steuer; wenn sie begründet wäre, könnte die ganze Steuer nicht erhoben werden;"[69])

b. über die Frage, ob die Verbindlichkeit zur Entrichtung einer Auflage in der Kommunal-Verfassung und den darüber handelnden Gesetzen begründet sei, oder nur mittels unrichtiger Anwendung und Auslegung dieser Normen geltend gemacht werde, weil dies „eine Frage des öffentlichen Rechts, welche lediglich zur Kognition der kompetenten Verwaltungs-Instanzen gehöre;"[70])

c. darüber, ob eine von der Regierung geforderte Abgabe die Natur einer landesherrlichen Steuer habe.

In Sachsen, Brandenburg, Pommern kommt eine Abgabe vor, Ohrbär, Orbete, Urbete, Bedegeld genannt, von welcher es sehr zweifelhaft ist, ob sie zum öffentlichen Steuereinkommen oder zu denjenigen aus einem früheren gutsherrlichen nud grundherrlichen Rechte abgeleiteten Leistungen gehört, welche ohne zum öffentlichen Steuereinkommen zu gehören, eine steuerartige Natur haben, und welche durch §. 3 Nr. 10, Gesetz vom 3. März 1850 unentgeltlich aufgehoben sind. Das Ober-Tribunal hatte sich in einer Pommerschen Sache durch Erkenntniß vom 7. November 1850, Band 20 Seite 214, für die letztere Alternative erklärt. Der Finanzminister hatte diese Abgabe von dem Domänen-Etat auf den Grundsteuer-Etat bringen und im Steuer-Exekutionswege einziehen lassen, und erhob, als wieder einmal eine Märkische Stadt auf Rückzahlung der seit 1848 gezahlten Beiträge und auf Befreiung von der Steuer für die Zukunft klagte, den Kompetenz-Konflikt, welcher auch für begründet erklärt wurde. „Die Frage, ob eine Abgabe die rechtliche Natur einer landesherrlichen Steuer habe, gehört nicht vor den Richter. Das Landrecht macht die Unzulässigkeit des Rechtsweges nicht von der Beschaffenheit des Fundaments der Weigerung abhängig. Vielmehr

---

[69]) J. M. Bl. 1852, S. 85.

[70]) J. M. Bl. 1860, S. 142. Ein Magistrat hatte eine Hausstands-Ergänzungssteuer ausgeschrieben und exekutivisch eingezogen, obgleich der Finanz-Minister sich bereits in einem an den Oberpräsidenten von Schlesien erlassenen und den Oberpräsidien der übrigen Provinzen zur Kenntnißnahme und Nachachtung mitgetheilten Verfügung für die Unzulässigkeit einer solchen Steuer ausgesprochen hatte.

erklärt §. 78 jeden Streit über die Verbindlichkeit zur Entrichtung von Steuern, gleichviel auf welchen Gründen die Weigerung beruht, für einen solchen, worüber kein Prozeß stattfindet. Der Zweck des Gesetzes, die Steuer-Erhebung vor prozessualischen Weiterungen sicher zu stellen, würde durchaus vereitelt werden, wenn man den Prozeß in denjenigen Fällen zulassen wollte, in welchen der Debent behauptet, daß das von ihm als Steuer geforderte keine Steuern seien." [71]) In dem Falle, Justiz-Ministerial-Blatt 1859 Seite 361, wo es sich um die in den ehemals Kurfürstlichen Landestheilen zu entrichtenden Geschoß-Abgaben und Landbethe handelte, war die Sache sogar schon zweimal durch alle Instanzen gegangen. Das Ober-Tribunal hatte zuletzt die Sache nur um deshalb in die erste Instanz gewiesen, um festzustellen, ob die streitigen Abgaben früher in Sachsen zum öffentlichen Steuer-Einkommen gehört haben. Als das Gericht zu Erfurt die Regierung um Auskunft hierüber ersuchte, wurde der Konflikt erhoben, weil diese Abgabe eine auf ständischer Bewilligung beruhende Steuer sei.

Einer eingehenden Prüfung, ob diese Angabe der Regierung richtig, hat sich der Kompetenz-Gerichtshof nicht unterzogen; [72])

---

[71]) cfr. J. M. Bl. 1855, S. 60: Dasselbe in dem Erk. v. 1. Oktbr. 1859, Sydow S. 78 wegen der in dem früheren Herzogthum Sachsen weiter erhobenen Straßenbaudienst-Surrogatgelder, obwohl die Partei behauptete, daß solche ein Ausfluß der Landfolge gewesen und nur durch Verwaltungs-Maßregeln auf den Grundsteuer-Etat gelangt seien.

[72]) Ganz konsequent ist diese Praxis nicht festgehalten worden; denn trotz der entgegengesetzten Behauptung der Verwaltungsbehörden ist die Armenpflege, die Wegebaulast für keine solche „allgemeine Abgabe" erklärt worden; erstere nicht, weil dieselbe vom Gesetz den Gemeinden und Gutsherrschaften als eine soziale Last, und nicht als eine vom Staat vermöge des Besteuerungsrechts den Individuen angesonnene allgemeine Abgabe auferlegt ist, J. M. Bl. 1855 S. 384, letztere nicht, weil sie aus einem anderen Gebiete entspringt, dem Vortheil nämlich, welcher den Adjacenten aus der guten Beschaffenheit der Wege erwächst. J. M. Bl. 1856, S. 11, 14. Die Einquartierungslast ist dagegen für eine Staatslast erklärt worden, 1855 S. 99. Die Stadt Stettin wurde von der Regierung aufgefordert, für mehrere Batterien, welche zu den jährlichen Uebungen zusammengezogen waren, Ställe unentgeltlich zu gewähren. Auf ihre Weigerung wurden die Pferde durch den Landrath miethsweise untergebracht und die Kosten mit 523 Thlr. von der Stadt exekutivisch eingezogen, die auf Rückzahlung dieser Summe gerichtete Klage wurde vom Rechtsweg gewiesen, weil es sich um die Verbindlichkeit zur Entrichtung einer allgemeinen Abgabe handle,

denn:

„auf die rechtliche Natur der Abgabe kommt es nicht an; für die Kompetenzfrage ist es entscheidend, daß die Regierung jene Abgabe bestimmt als Grundsteuer bezeichnet."

In dem Erkenntniß vom 15. Dezember 1849 (1850 S. 34) heißt es:

„Sobald eine Abgabe auf den Etat der Steuern gebracht ist, ist der Rechtsweg unzulässig. Ein Streit darüber, ob dies zu Unrecht geschehen, ist unzulässig, weil die Angabe der Verwaltung einer Prüfung durch deu Richter nicht unterworfen werden darf, weil dadurch das Recht der Steuererhebung in Frage gestellt würde."

Es wird nicht ohne Interesse sein, hier anzuführen, was der Gesetz-Revisor l. c. S. 152 sagt, um den Einwurf zu widerlegen, daß die Prozeßfähigkeit der Steuern um deshalb beschränkt werden müsse, weil den Gerichten dadurch eine Kontrole der Finanzbehörden ertheilt würde: „Dieser Einwand ist nicht stichhaltig, weil sich die richterliche Kognition bloß darauf erstreckt, ob in einem gegebenen Falle das Gesetz auf eine Art angewendet worden, daß dadurch Jemand in seinem Vermögen gekränkt worden sei. Eine solche Prüfung tritt überall ein, wo es auf den Ersatz eines durch nicht gesetzliche Amtshandlungen verursachten Schadens ankommt. Richter und Partei sind sonst in einer Partei vereinigt, und die Auslegung und Anwendung der Steuergesetze wird zuletzt in die Hände des Verwaltungs-Chefs gelegt, welcher für die Aufbringung des etatsmäßigen Einkommens aus den Steuern verantwortlich ist. Die Gerichte erkennen ja auch bei den Steuerdefraudationen, ob die Steuer gesetzlich ist." Hierzu muß noch ein aus der Verfassung genommener Grund gestellt werden, daß es die Verwaltung sonst jederzeit in der Hand hat, das Steuerbewilligungsrecht der Kammern illusorisch zu machen.

Die Hauptdifferenz zwischen Justiz und Verwaltung besteht also

---

und weil die Klage auch nicht als Entschädigungsklage aufgefaßt werden könne, da jede Entschädigung dafür unzulässig, weil das Wesen und der Zweck einer steuerlichen Last in einer Aufopferung aus dem Privatvermögen besteht, deren Wirkung vereitelt würde, wenn dem Besteuerten eine Entschädigungs-Klage dagegen gestattet wäre.

auf dem Gebiet der Steuern darin, daß sich die Gerichte die Entscheidung wenigstens darüber vindiziren, ob überhaupt ein Gesetz, eine Rechtsnorm besteht, wonach die Steuer erhoben werden kann, weil §. 78 den Rechtsweg nur darüber ausschließt, ob das Gesetz, welches die Steuererhebung anordnet, der bestehenden Landesverfassung entspreche.

Der Kompetenz-Gerichtshof hat übrigens seine strengen Grundsätze hinsichtlich der Beschränkung der Prozeßfähigkeit auf alle zu Kommunal-, Kirchen-, Schulzwecken ausgeschriebenen Kosten und Abgaben angewendet, sobald die Regierung bei ihrer Festsetzung vermöge ihres Oberaufsichtsrechts mitgewirkt hat.[73])

---

[73]) J. M. Bl. 1850 S. 288; 1848 S. 127, 283; 1852 S. 172, 339, 383; 1853 S. 26, 42, 379; 1854 S. 387, 428; 1855 S. 43; 1857 S. 22, 225 u. a. m. Deshalb ist z. B. jeder Rechtsstreit unzulässig über die Verpflichtung zur Entrichtung von Schulgeld an öffentliche Schulanstalten, J. M. Bl. 1860 S. 159, von Dezem, Neujahrsgeld, Opfergeld, Glöcknerlohn, Taufschinken, Kantorbrote, kurz alle beständigen, dinglichen oder persönlichen Abgaben, welche an Kirchen und deren Beamte zu prästiren sind, sobald einmal die Regierung durch einen Beschluß erklärt hat, daß eine solche Abgabe auf einer allgemeinen gesetzlichen oder auf notorischer Orts- u. Bezirksverfassung beruhe, weil die K. O. v. 1836, G. O. S. 198 diese Abgaben hinsichtlich ihrer Prozeßfähigkeit ganz den öffentlichen Steuern gleichgestellt haben soll. Daher ist die Administrativ-Exekution auch auf die ältere als zweijährige Rückstände ausgedehnt worden, obschon dieselbe im Gesetz ausdrücklich nur für die laufenden und aus den letzten 2 Jahren rückständig gebliebenen Beträge bewilligt worden ist. J. M. Bl. 1854 S. 96, 1852 S. 15. Deshalb ist die K. O. ferner auch auf solche Abgaben angewendet worden, von welchen die Regierung bloß bescheinigt hat, daß sie auf Herkommen und Observanz beruhen, J. M. Bl. 1856 S. 386, weil bei strikter Auslegung der Zweck vereitelt würde, obgleich es ein anerkannter Grundsatz ist, daß Gesetze, welche den Rechtsweg beschränken, als Ausnahmegesetze nicht ausdehnend angewendet werden dürfen, und obgleich das Ober-Tribunal, Erk. v. 25. Sptbr. 1857, Entsch. 36 S. 347, Striethorst Bd. 28 S. 106, ausführt, daß die Bescheinigung der Behörden, es sei eine Abgabe stets oder viele Jahre hindurch gewährt worden, keine Feststellung der Notorietät enthalte. Deshalb ist endlich der Rechtsweg sogar ausgeschlossen worden, wenn von den Abgabepflichtigen darüber Beschwerde geführt wird, daß die Regierung zur Aufbringung eines jährlichen Zuschusses zu dem Gehalt des unzureichend dotirten Rektors oder Schullehrers, das gesetzliche Maaß übersteigende Beiträge ausgeschrieben habe. cfr. 1852 S. 228, 1855 S. 370. Aus der Praxis des Ober-Tribunals ist endlich zu erwähnen, daß eine entschiedene Meinungsverschiedenheit mit dem Kompetenz-Gerichtshof über die Frage besteht: ob der Austritt aus der Landeskirche

So erstreckt sich der Arm der Verwaltung bis in die kleinsten Kreise, den Rechtsweg überall ausschließend, wo nur ein öffentliches Interesse im Spiel ist. All der Groll, den Jeder empfindet, der sich in seinem Rechte verletzt glaubt, konzentrirt sich gegen die Verwaltung, während derselbe besänftigt würde, wenn der Rechtsweg gestattet und einem Jeden die Ueberzeugung beigebracht würde, daß gegen ihn nach Recht und Gesetz entschieden worden.

II. Fiskalische Sachen.

Noch mehr steigt die Unzufriedenheit, wenn der Staat sogar in seinen eigenen Schuld- und Vertragsverhältnissen den Rechtsweg beschränkt. Es ist von jeher eine Forderung der Gerechtigkeit und Staatsklugheit gewesen, hierbei auch den Schein der Ungerechtigkeit zu vermeiden. Diese Erwägungen sind jedoch vielfach durch die Rücksicht überwogen worden, daß dem Staate niemals die Mittel zu seiner Aktion versagt werden, noch daß seine Finanzen durch das unzeitige Andrängen ungestümer Gläubiger in Zerrüttung gebracht werden mögen. So ertheilt schon §. 42 der Verordnung von 1808 dem Staat die Befugniß, insofern von Erfüllung der vom Fiskus mit Privatpersonen eingegangenen Verträge die Erreichung bestätigter Etats abhängt, und die Erfüllung der kontraktmäßigen Verbindlichkeit verweigert wird, nach vorheriger summarischer Vernehmung des Weigernden ein vorläufiges Liquidum festzusetzen und dasselbe vom Schuldner sogleich einziehen zu lassen; ferner wenn bei andern über Gegenstände des Regierungs-Ressort geschlossenen Verträgen, insbesondere bei Kriegslieferungen und wichtigen Entreprisen, die Erfüllung nach dem Verlangen der Regierung verweigert wird, und daraus nach ihrem Ermessen ein unwiderbringlicher Schaden sich besorgen läßt, für welchen der Weigernde dem Staat nicht würde

---

ein Exemtionsgrund sei, welcher den Rechtsweg wegen Befreiung von kirchlichen Abgaben zulasse. Das Ober-Tribunal bejaht, Erk. v. 8. Febr. 1854, Striethorst Bd. 12 S. 110; der Kompetenz-Gerichtshof verneint, J. M. Bl. 1854 S. 443. In Beziehung auf die Frage, ob dem Gericht die Prüfung zusteht, ob die Bedingungen vorhanden sind, an welche die K. O. von 1836 die exekutivische Einziehung knüpft, hat das Ober-Tribunal verschieden erkannt. Im Erk. v. 25. Septbr. 1857, Entsch. 36 S. 347 bejaht, im Erk. v. 11. Novbr. 1859, Striethorst Bd. 35 S. 265, verneint, weil hierdurch der Verwaltung vorgegriffen würde.

gerecht werden können, denselben zu der von ihm verlangten Verbindlichkeit durch Administrativ-Exekution anzuhalten.

Die Prüfung der aus den Kriegsjahren von 1806—1815 herrührenden, von dem Staat, resp. den Provinzen und Kreisen anzuerkennenden Kriegslasten und Kriegsschulden war mit Ausschluß des Rechtsweges einer Ministerial-Kommission anvertraut, welche erst durch die Kabinets-Ordre vom 7. December 1848 (1849 S. 90) aufgehoben worden ist.

Die definitive Feststellung der Provinzial-Staatsschulden, wohin auch die Schulden gehören, welche mit den neuen Provinzen als Landesschulden übernommen worden sind, ist nach der noch heut geltenden Kabinets-Ordre vom 2. November 1822 (Gesetz-Sammlung S. 229) dem Rechtsweg entzogen.[74])

Die Entscheidung der Rechtsstreitigkeiten wegen der aus Staatsverträgen übernommenen Verpflichtungen war früher insofern ganz in die Hände der Regierung gelegt, als die Kabinets-Ordre vom 25. Januar 1823 (Gesetz-Sammlung S. 19) den Gerichten die Pflicht auferlegte, überall wo die Gültigkeit und Anwendbarkeit solcher Staatsverträge streitig war, ein Gutachten des Ministers der auswärtigen Angelegenheiten einzuholen, um sich danach beim Erkenntniß lediglich zu richten. Diese, nach Klüber, Richteramt S. 12—14, durch die hohen Ansprüche mehrerer ehemaliger Reichsunmittelbarer (Arenberg, Salm-Salm) veranlaßte, auch gegen den Herzog von Rovigo in dessen weiland berühmter Prozeßsache wegen seiner Dotation der vormaligen Preußischen Domäne Sommereschenburg zur Anwendung gebrachte, von Klüber und von ganz Deutschland hart angegriffene Bestimmung ist zwar durch die Verordnung vom 24. November 1843 (Gesetz-Sammlung S. 369) aufgehoben; die Tendenz, solche Streitigkeiten so viel als möglich dem Richter zu entziehen, ist jedoch der

---

[74]) Der Gesichtspunkt der Verwaltung spricht sich klar in den Eingangsworten der K. O. v. 30. Juli 1822 (cfr. J. M. Bl. 1860 S. 328) aus: Eine Verpflichtung des Allg. Preuß. Staatsfonds aus den von dem vorigen Gouvernement eingegangenen Verbindlichkeiten ist unstreitig insoweit vorhanden, als es sich mit den allgemeinen Lasten verträgt und demgemäß die höchste Staatsgewalt solche anerkannt hat; weiterhin aber, nämlich als absolut nach den ursprünglichen Verhältnissen betrachtet, staats- und völkerrechtlich so bestritten, daß sie wohl geeignet ist, der richterlichen Kognition entzogen und zum administrativen Verfahren verwiesen zu werden.

Verwaltung geblieben. Als die Erben des Grafen von *** den von ihrem Erblasser über die ihm nach Artikel 49 der Wiener Schlußakte von Preußen zu gewährende Territorial-Entschädigung geschlossenen Vergleich um deshalb anfochten, weil die Entschädigung für das aufgehobene Reichs-Untermarschall-Amt bewilligt worden und weil, da dieses ein Fideikommiß gewesen, der Erblasser den Vergleich nicht ohne Zuziehung der Familie habe schließen können, so erhob die Regierung den Kompetenz-Konflikt, welcher auch durch Erkenntniß vom 13. November 1858, Justiz-Ministerial-Blatt pro 1859 S. 155, für begründet erachtet worden ist: „da die Wiener Schlußakte ein Staatsvertrag ist, bei welchem der Erblasser nicht Mitkontrahent war, so hatte er daraus keine Rechte erworben, ihm gegenüber sind keine Verpflichtungen übernommen worden, und über Verpflichtungen, die unter der Herrschaft des Völkerrechts stehen, hat der Richter nicht zu entscheiden.“ Es sei erwähnt, daß diese Auffassung der Preußischen Regierung selbst auf dem Bundestage, welcher mehrmals mit Reklamationen Preußischer Staatsgläubiger, denen der Rechtsweg verweigert worden, befaßt worden ist, Anstoß erregt hat.[75]) Baiern erklärte namentlich am 24. August 1844, daß die von Preußen vertheidigten Grundsätze in keinem andern Deutschen Lande gültig, und daß sich auch der Bundestag in einer früheren Sache dagegen erklärt habe, daß die Entscheidung über das aus einem Staatsvertrage abzuleitende Recht dem Rechtswege entzogen sein solle.[76])

Die veröffentlichten Erkenntnisse des Obertribunals zeigen dagegen, mit welcher Unparteilichkeit, mit welcher Gründlichkeit und mit welchem staatsmännischen Takte alle derartigen staatsrechtlichen Fragen von diesem Gerichtshof behandelt worden sind.[77])

Wir kommen nunmehr zu den beiden letzten Gebieten, welche

---

[75]) Klüber, Selbstständigkeit des Richteramtes, S. 18. Zöpfl, I, 357.

[76]) Protokoll des Bundestags §. 362 S. 798.

[77]) cfr. statt aller das Erk. des Ob.-Trib. v. 11. März 1850, Bd. 19 S. 409, wo ausgeführt wird, daß den einzelnen katholischen Kirchen und Stiftern zur Zeit kein Rechtsanspruch gegen den Staat auf Gewährung der in der Bulle de salute animarum vom 16. Juli, K. O. vom 23. August 1821 (G. S. S. 113) verheißenen Dotation zustehe, während der Kompetenz-Gerichtshof sich in dem Erk. v. 11. März 1848 (S. 184), mehr für die entgegengesetzte Ansicht ausgesprochen hat.

hier einer näheren Betrachtung unterworfen werden sollen, nämlich den Verletzungen, welche die Staatsverwaltung in Ausübung ihres jus eminens und der Polizeihoheit zufügen kann.

III. Jus eminens.

Nachdem durch die Kabinets-Ordre vom 16. November 1831[78]) die Streitfrage der Zulässigkeit einer Entschädigungsforderung wegen Eingriffe im Wege der Gesetzgebung dahin entschieden ist, daß ein solcher Anspruch nicht erhoben werden kann, wenn nicht die Verpflichtung zum Schadenersatz aus dem Staatsvermögen in dem Gesetz besonders festgesetzt ist,[79]) beschränken sich, was das jus eminens betrifft, die zwischen Justiz und Verwaltung vorkommenden Konflikte nur auf die im Wege der Verwaltung hervorgerufenen Eingriffe in wohlerworbene Privatvermögensrechte. Darüber kann kein Streit sein, daß der Staat befugt ist, sich aus überwiegenden Gründen des öffentlichen Wohles jeden nur denkbaren Eingriff in das Privateigenthum zu erlauben, daß der Rechtsweg darüber, ob ein solcher Eingriff überhaupt oder in dem speziellen Umfange nothwendig, zweckmäßig oder dringend, ausgeschlossen und nur darüber zulässig ist, ob für den Staat eine Pflicht zur Entschädigung und in welcher Höhe vorhanden ist; denn dies ist durch klare Gesetze vorgeschrieben. Allgemeines Landrecht Einl. §§. 73—75 Th. I Tit. 8 §§. 29—31 Tit. 11 §§. 4 10, Verfassung Art. 9.

„Das Eigenthum ist unverletzlich. Es kann aber aus überwiegenden Gründen des öffentlichen Wohles gegen vorgängige, in dringenden Fällen wenigstens vorläufig festzusetzende Entschädigung nach Maßgabe des Gesetzes entzogen werden."

---

[78]) cfr. Die sehr scharfe Kritik dieser allerdings zu manchen Zweifeln Veranlassung gebenden K. O. bei Klüber, die Selbstständigkeit des Richteramtes.

[79]) Das Ober-Tribunal hat deshalb die Entschädigung abgesprochen: den Märkischen Städten wegen der durch die spätere Steuergesetzgebung erfolgten Aufhebung der ihnen 1488 und 1513 verliehenen älteren Zeisebriefen, wodurch den Städten ein bestimmter Antheil vom Ertrage der Bierziese garantirt wurde. Plenum vom 8. Juni 1815 Bd. 29 S. 327; den ehemals reichsunmittelbaren Städten für die durch deren Supprimirung verlorenen Rechte der Landeshoheit, wenn dieselben auch durch lästige Verträge von den Landesfürsten erkauft worden wären. Bd. 20 S. 391. die Stadt Nordhausen hatte die Gerichts- und Schutzherrlichkeit für 50,000 Goldgulden 1711 erkauft. Ferner wegen Aufhebung von Salzmonopolen, Entsch. Bd. 32 S. 160.

Auch darüber ist kein Streit entstanden, daß diese Pflicht zur Entschädigung wegfällt,

a. wenn die Befugniß des Staates zur Vornahme der Handlung (z. B. Erhöhung einer Chaussee oder des Bürgersteiges) schon aus den Rechten entspringt, welche der Staat als Inhaber von Grundeigenthum hat, und wozu auch jeder Privateigenthümer berechtigt sein würde, wenngleich daraus einem Andern Nachtheile entstehen. Plenum des Ober-Tribunals v. 1. Juli 1850 Band 20 Seite 3;

b. wenn die Beschränkung, welche der Staat in Ausübung seiner Hoheitsrechte dem Eigenthum des Einzelnen auferlegt, in besonderen Gesetzen für zulässig erklärt worden ist.

Denn auch das ist im Allgemeinen Landrechte Titel 6 §. 8, 37, Titel 22 §§. 1, 2 vorgeschrieben, deshalb muß jeder Eigenthümer, wegen §. 57 Titel 15 II. Allgemeines Landrecht, den zur Errichtung des Leinpfades erforderlichen Theil des Ufers unentgeltlich hergeben. Erkenntniß des Ober-Tribunals vom 9. März 1849, Band 17, Seite 374. Deshalb haben die Grundeigenthümer, deren Besitzungen durch die Erweiterung der Festungs-Rayons an Werth verlieren, keinen Anspruch auf Entschädigung, weil das Rayons-Reglement vom 10. September 1828 ihnen die Duldung dieser Beschränkung auferlegt. Erkenntniß des Ober-Tribunals vom 15. November 1850, Band 20 Seite 101. Deshalb muß sich jeder Besitznachfolger eines Gewerbetreibenden der gesetzlichen Bestimmung unterwerfen, daß eine Anlage (z. B. die in Berlin auf öffentlichen Plätzen errichteten sogenannten Fleischscharren) auf seine Kosten abgetragen werde, wenn das Gewerbe darin nicht binnen einer gewissen Zeit von einem dazu Befugten ausgeübt wird. Erkenntniß des Ober-Tribunals vom 8. Februar 1856, Band 32 Seite 23.

Die Gerichte haben hier überall die Rechte des Staates auf das Nachdrücklichste wahrgenommen.[80])

---

[80]) Außerordentlich scharfsinnig ist die Unterscheidung, welche das Ober-Tribunal bei Baukonsensen macht. Kein Bau kann ohne Genehmigung und Prüfung der Polizeibehörde unternommen werden. Jeder, der einen Neubau vornehmen will, muß sich schon nach A. L. R. I. Tit. 8 §§. 65 ff. den Beschränkungen unterwerfen, welche die Polizei im öffentlichen Interesse ihm aufzuerlegen für gut hält. Will er sich denselben nicht unterwerfen, weil dieselben eine Aufopferung seines Vermögens erheischen, z. B. wenn ihm zur Pflicht gemacht wird,

Die anerkannt ungenügende Regelung des Expropriations-Verfahrens in den östlichen Provinzen,[81]) welches gänzlich in die Hand der Verwaltungsbehörden gelegt ist, und denen in Beziehung auf solche Bauten und Anlagen, in Hinsicht derer die Expropriation bereits im Allgemeinen durch die Gesetze für zulässig erklärt ist, auch meist die Entscheidung, ob eine Expropriation überhaupt vorzunehmen, delegirt ist (bei Anlegung von Eisenbahnen, Chausseen, Kanälen, Dämmen, Bergwerken 2c.), hat dagegen mehrfach zu Konflikten Veranlassung geben müssen. Die Formlosigkeit, mit welcher manche Polizeibehörden z. B. Privatwege zu öffentlichen Wegen erklärt und den Eigenthümer im Wege der Administrativexekution gezwungen haben, die Benutzung seines Eigenthums dem Publikum oder der Gemeinde zu gestatten, ohne ihm auch nur das Recht auf Entschädigung anzuerkennen;[82])

---

einen Theil seines Besitzthums gar nicht zu bebauen, oder den vor seinem Hause befindlichen Theil des Bürgersteiges zu pflastern, so darf er gar nicht bauen. Baut er, so muß er die Bedingung, unter welcher der Bau genehmigt ist, erfüllen oder muß sich gefallen lassen, daß der Bau als ein polizeiwidriger niedergerissen wird. Entsch. des Ober-Tribunals Bd. 21 S. 118, Bd. 35 S. 280, Bd. 41 S. 90.

Handelt es sich dagegen um einen Reparaturbau, so muß die Polizei den Bau in dem vorigen Umfange gestatten, oder es muß, falls die Erlaubniß aus Gründen des öffentlichen Wohles ganz verweigert oder verlangt wird, daß der Bau gegen früher von der Straße zurücktreten soll, für die hieraus entstehenden Nachtheile Entschädigung geleistet werden, entweder von dem Staat oder der Kommune, in deren Interesse die Aufopferung verlangt wird. Präj. 220 vom 8. April 1837, Erk. des Ober-Tribunals v. 24. April 1860, Bd. 43 S. 26.

Ein Rechtsweg darüber, daß die Behörde zur Zurücknahme ihrer die Beschränkung auferlegenden Verfügung angehalten wird, ist von dem Ober-Tribunal niemals zugelassen worden.

[81]) Für die Rheinprovinz ist dasselbe besser geregelt durch das Expropriationsgesetz v. 8. März 1810 und die Novelle v. 25. Mai 1857 (G. S. S. 473).

[82]) cfr. auch J. M. Bl. 1851 S. 67, 1854 S. 326, 1859 S. 46.

Die Expropriation ist als geschehen zu betrachten, sobald der Grund und Boden auf alle mündlichen Befehle des Königs, resp. durch Beschluß der delegirten Behörde in Anspruch genommen worden ist, ohne daß es darauf ankommt, ob und wann dieser Allerhöchste Wille zur Kenntniß der Betheiligten gebracht worden. J. M. Bl. 1854 S. 270.

So wurde in dem Falle, Just. Min. Bl. 1857 S. 37, ein Weg lediglich deshalb zu einem öffentlichen erklärt, weil man einer Dampfschifffahrts-Gesellschaft erlaubt hatte, auf einem daneben liegenden fiskalischen Werder die Schiffe

— die gleiche Formlosigkeit, mit welcher zuweilen bei Entsetzung des Eigenthümers aus dem Besitz bei Einweisung des zur Expropriation Berechtigten in den Besitz verfahren worden ist, hat häufig die Bedrohten veranlaßt, sich an die Gerichte zu wenden, um bei denselben einen vorläufigen Schutz gegen die Entsetzung im Wege des Besitzstörungsprozesses zu erlangen. Dergleichen Klagen sind ebenso wie alle Beschwerden darüber, daß die Expropriation zu einem dem Bergbau ganz fremden Unternehmen, zur Anlegung einer Badequelle bewerkstelligt worden,[83]) daß eine Chaussee-Gesellschaft Steine auf einem Territorium gegraben habe, auf welchem sie nach dem Gesetz die Expropriation auszuüben nicht befugt sei,[84]) daß eine Eisenbahn-Gesellschaft gesetzlich nicht befugt sei, sich ihres Expropriations-Rechts auch zur Verlängerung ihrer Schienenwege zu bedienen, vom Rechtsweg verwiesen worden, weil die Prüfung der Bedürfniß- und der Dringlichkeitsfrage lediglich dem Ermessen der Verwaltungsbehörde preisgegeben ist, obwohl uns scheinen will, daß die Verwaltungsbehörden die Expropriation nur genau in dem Umfange gestatten dürfen, welcher in dem Gesetz bestimmt ist —, da es unzweifelhaft ist, daß eine Expropriation in den Fällen, wo dieselbe nicht schon im Allgemeinen durch die Gesetze für zulässig erklärt ist, eines Königlichen Spezial-Befehls oder eines mit den Kammern zu vereinbarenden Gesetzes bedarf,[85]) und daß der Rechtsweg darüber, daß es an dieser gesetzlichen Grundlage der Expropriation fehle, gestattet sein muß, wenn anders die in der Verfassung garantirte Unverletzlichkeit des Eigenthums nicht ebenfalls zu den „Monologen" des Gesetzgebers gerechnet werden soll. Die Gerichte, welche dergleichen Klagen eingeleitet haben, könnte also höchstens der Vorwurf treffen, daß sie von einem lebendigen Rechtsgefühl geleitet, die Unverletzlichkeit des Eigenthums der Verwaltung gegenüber vertheidigt haben.

---

zu bauen. Der Grundeigenthümer wurde durch Verw.-Exekution gezwungen, der Dampfschifffahrts-Gesellschaft die Passage zu gestatten, und als er gegen dieselbe in Possessorio klagbar wurde, durch Erk. des Kompetenz-Gerichtshofes vom 4. Oktober 1856 vom Rechtsweg gewiesen.

[83]) J. M. Bl. 1849 S. 454.

[84]) cfr. J. M. Bl. 1855 S. 180. Das Chaussee-Edikt v. 18. April 1792 gestattet nämlich das Graben von Steinen nur auf den an die Chaussee grenzenden Grundflächen, nicht aber auf dem eine Meile davon entfernten Areal.

[85]) Rönne, Preuß. Staatsrecht, S. 334.

Viel Konflikte mit der Verwaltung hat ferner die Bestimmung der Kabinets-Ordre vom 16. November 1831: „Ein privatrechtlicher Widerspruch findet nicht nur nicht gegen den Akt des Hoheitsrechtes selbst statt, sondern es ist auch ein Anspruch aus den Folgen und Wirkungen dieses Aktes weder wider die Person des Landesherrn, noch wider das Staatsvermögen Behufs der Entschädigung zulässig" erzeugt. Wörtlich[86]) kann diese Bestimmung nicht ausgelegt werden, denn jede Ausübung des jus eminens, z. B. die Wegnahme eines Grundstückes zum Festungsbau oder zur Benutzung als Lazareth im Kriege, ist ein Akt des Hoheitsrechtes; denn das jus eminens ist weiter nichts, als die höchste Potenz, das alleräußerste Hoheitsrecht. Sie bedeutet vielmehr, daß der Staat für die zufälligen Folgen welche aus der Ausübung seiner Hoheitsrechte entstehen, keine Entschädigung zu gewähren hat. Deshalb besteht für den Staat keine rechtliche Verbindlichkeit zum Ersatz der eigentlichen Kriegsschäden, d. h. der durch feindliche Requisition, Brandschatzung, Plünderung, Blokade, Kaperei zugefügten Schäden, kurz derjenigen Nachtheile, welche der Einzelne durch den Krieg oder in Folge desselben erlitten hat, ohne daß er von dem Staat unmittelbar und direkt zu einer Aufopferung gezwungen worden und dadurch zu dem nothwendigen Kriegsaufwand des Staates etwas beizutragen hätte, während durch die

---

[86]) Die Auffassung der Verwaltung, daß es hierdurch den Gerichten überhaupt untersagt sei, Akte eines Hoheitsrechtes einer Kritik zu unterwerfen, bekämpft der Kompetenz-Gerichtshof in mehreren Sachen, weil kein Gesetz den Gerichten diese Befugniß abspricht, nur daß sich die Beurtheilung nicht weiter erstreckt als es zur Feststellung des streitigen Verhältnisses unter den Parteien erforderlich ist. J. M. Bl. 1856 S. 142. dadurch daß das richterliche Urtheil, um über den Antrag zu entscheiden, sich über eine Frage des öffentlichen Rechtes, z. B. über die Grenzen des Oberaufsichtsrechts der Regierung, zu verbreiten hat, wird die rein privatrechtliche Klage noch nicht in eine Klage über ein Majestätsrecht verwandelt. So streng kann die beabsichtigte Trennung der Justiz und Verwaltung nicht gemeint sein, weil es sonst in sehr vielen Fällen ganz an einer zu der eigentlichen Entscheidung in der Hauptsache kompetenten Behörde fehlen und die Justizpflege großen Störungen ausgesetzt sein würde. J. M. Bl. 1855 S. 402.

In anderen Fällen ist indeß das Entgegengesetzte angenommen und der Rechtsweg deshalb überall ausgeschlossen worden, wo die Gerichte über „ein öffentliches Verhältniß" urtheilen würden, z. B. über die Frage, zu welchem Kommunal-Bezirk ein Grundstück in Bezug auf seine Heranziehung zu öffentlichen Abgaben gehöre.

Gesetzgebung, Gesetz vom 11. Mai 1851 (Gesetz-Samml. S. 362), bestimmt ist, welche der eigentlichen Kriegslasten für Staatslasten zu erachten, und für welche der Staat resp. die Gemeinden dem Einzelnen Entschädigung gewähren müssen, weil jene als zufällige Folgen der Ausübung des Hoheitsrechtes des Königs Krieg zu erklären, angesehen, diese aber Lasten und Einschränkungen des Eigenthums sind, welche nur im Wege der Gesetzgebung unentgeltlich auferlegt werden dürfen.[87]) Deshalb darf kein Anspruch erhoben werden, wenn auch durch einen Staatsvertrag (z. B. wie bei Inkorporation von Krakau) der Handel einer Provinz beschädigt wird, weil auch hier die Nachtheile, welche der einzelne Kaufmann in seinem Geschäft erleidet, nur für zufällige Folgen der Ausübung des Hoheitsrechtes, Staatsverträge abzuschließen, anzusehen sind. Ueberall dagegen, wo der Staat ohne speziellen Rechtstitel eine Vermögensaufopferung von einem bestimmten Einzelnen direkt verlangt, tritt auch nach Preußischem Recht seine Verpflichtung zur Entschädigung ein. Der Unterthan muß zwar unweigerlich gehorchen, wenn der Staat kraft seines Oberaufsichtsrechts den Bürgern einer Stadt befiehlt, während der Abwesenheit des Militairs, Wachtdienste zu leisten,[88]) wenn er von einer Kommune verlangt, daß dieselbe die Gehälter ihrer städtischen und Polizeibeamten erhöhe, denselben Equipirungsgelder zahle, daß sie Telegraphenverbindungen,[89]) Wasserleitungen, Kanäle, Brücken, Wege anlege und ausbessere.[90]) Aber wenn die Stadt behauptet, daß ihr dadurch eine Aufopferung, ein Geldaufwand zugemuthet werde, zu welchem sie nach den bisherigen Gesetzen gar nicht oder nicht in dem befohlenen Umfange verpflichtet sei, so muß der Staat diesen Mehraufwand, die Kosten für die Bürgerwachen, der Wegebaulast 2c. aus dem Staatsvermögen ersetzen und sich über seine Verpflichtung hierzu dem Rechtsweg unterwerfen. Ueber diese Grundsätze herrscht auch im Allgemeinen Uebereinstimmung zwischen der Justiz und dem Kompetenz-Gerichtshof. Derselbe ist den Ansichten der Verwaltungsbehörden, welche auch in diesen Fällen eine Pflicht

[87]) Rönne l. c. S. 271.

[88]) Erk. des Ober-Tribunals v. 10. April 1824, Simon Rechtssprüche Bd. I S. 100 und J. M. Bl. 1853 S. 3.

[89]) J. M. Bl. 1855 S. 305. Streit der Stadt Berlin mit dem Königl. Polizei-Präsidium.

[90]) J. M. Bl. 1860 S. 80, 1855 S. 89, 323.

des Staates zur Entschädigung nicht anerkennen wollten, sehr entschieden entgegen getreten, und hat mit aller Schärfe, insbesondere wegen der Wegebaulast, ausgesprochen, daß der Rechtsweg darüber, wem die Pflicht zur Unterhaltung der Land- oder Wasserstraßen obliegt, zulässig sein muß, wenn der Regierung nicht gestattet sein soll, jede ihr obliegende Last auf die Schultern der Kommunen oder der Einzelnen zu werfen.[91])

Der gesetzlich nirgends umschriebene und deshalb zweifelhafte und elastische Umfang des Oberaufsichtsrechts des Staates über alle Aktiengesellschaften und Kommunen, Kirchen und Schulen hat jedoch den Kompetenz-Gerichtshof in anderen Fällen, welche prinzipiell von den vorerwähnten nicht verschieden sein dürften, veranlaßt den Rechtsweg auszuschließen. So ist der Verwaltung das keiner richterlichen Kontrole unterliegende Recht eingeräumt worden, Eisenbahngesellschaften auf dem Wege von gegen die Mitglieder der Direktion verhängten Ordnungsstrafen zur Einrichtung von kostbaren Nachtzügen, zu jeder von der Postverbindung für nothwendig erachteten Abänderung der Fahrpläne zu zwingen;[92]) Kommunen zur Erhöhung des Gehaltes der Lehrer,[93]) zur Pensionirung der städtischen Elementarlehrer anzuhalten, obgleich in dem Erkenntniß, Justiz-Ministerial-Blatt 1858 S. 260, anerkannt ist, daß es ein Gesetz über die Verpflichtung der Kommunen hierzu nicht gebe, sondern daß es bloßer Verwaltungsgrundsatz sei, für den Dienstunfähigen nach Analogie des §. 529 Tit. 11 Th. II des Allgem. Landrechts aus dem Seckel der Kommunen zu sorgen. Die Entscheidung darüber, ob die Verpflichtung der Kommune zu diesem Geldaufwande gesetzlich begründet sei, wird der richterlichen Kompetenz entzogen, „weil das Oberaufsichtsrecht die Regierung berechtigt, dafür zu sorgen, daß nach

---

[91]) In dem Erk. v. 11. Dezember 1852, J. M. Bl. 1853 S. 88, wo es sich darum handelte, wer die Kosten der Equipage- und Pferdegelder an Königl. Polizeibeamte zu tragen habe, ob der Staat oder die Kommune, hat der Kompetenz-Gerichtshof den Umstand, daß die Position bereits auf den Staatshaushaltsetat gebracht war, zur Ausschließung des Rechtsweges für unzureichend erklärt, weil das den Etat regulirende Gesetz nicht den Zweck hat, Stteitigkeiten über die Frage zu entscheiden, ob eine Ausgabe gesetzlich aus der Staatskasse oder von dritten Personen getragen werden muß.

[92]) J. M. Bl. 1852 S. 411, 1857 S. 251.

[93]) J. M. Bl. 1859 S. 149.

Möglichkeit das zum Unterricht der Jugend Erforderliche geschieht, daß die hierzu nöthigen Lehrer angestellt und ausreichend besoldet werden, und daß auch für die Invaliden gesorgt werde. Der Einwand, daß dies ungesetzlich, betrifft lediglich die materielle Frage und berührt die Kompetenz nicht."

Diese Machtvollkommenheit, welche die Verwaltung sonach auch in Geldsachen beansprucht, hängt auf das Innigste mit der Stellung zusammen, welche die Polizei im Preußischen Staate gegenwärtig noch gesetzlich einnimmt.

IV. Polizei.

Unter „Polizei-Sachen" müssen nämlich[94]) nach dem positiven Preußischen Staatsrecht, so wie solches niedergelegt ist in der Verordnung von 1808, Verordnung vom 27. Oktober 1810 über die veränderte Verfassung aller obersten Staatsbehörden, der Instruktion zur Geschäftsführung der Regierungen in den Preußischen Staaten vom 23. Oktober 1817 (Gesetz-Samml. S. 246), alle Gegenstände der innern Landesverwaltung verstanden werden, welche nicht Finanzsachen sind, sich also nicht auf das Staatseinkommen und Steuerwesen beziehen oder die Vermögensverwaltung der Domänen, Forsten, Regalien betreffen, also alles, was sich bezieht auf die Erhaltung der öffentlichen Sicherheit, Ruhe und Ordnung, auf das Gewerbe-, Handels-, Münz-, Maß-, Gewichts-, Kommunikations-, Chaussee-, Medizinal-, Fremden-, Preß-, Kirchen-, Schul-, Armen-, Kommunal-Wesen, kurz alles, was überhaupt nach irgend einer Richtung hin der unmittelbaren Versorgung oder der Oberaufsicht des Staates unterworfen ist.

Nach §. 131 Titel 8 Theil II. Allgemeines Landrecht, den

---

[94]) Der Wissenschaft ist es bisher noch nicht gelungen, den Begriff „Polizei" (das Wort zuerst erwähnt in der Reichs-Polizei-Ordnung v. 1495 §. 40, Mittermaier's Archiv III S. 340) festzustellen. Robert Mohl, Polizei-Wissenschaft 1832, definirt vom Standpunkt des Rechtsstaates aus die Polizei als Inbegriff aller Anstalten von Einrichtungen, welche dahin abzwecken, durch Verwendung der allgemeinen Staatsgewalt diejenigen Hindernisse der allgemeinen erlaubten Entwickelung der Menschenkraft zu beseitigen, welche der Einzelne gar nicht, oder wenigstens nicht so vollständig wegräumen kann, also als die zweite Hälfte der innern Anstalten eines Rechtsstaates zur Erfüllung seines Zweckes; die andere Hälfte ist die Rechtspflege.

§§. 38—40 Verordnung von 1808, republizirt durch die Verordnung von 1817, war der Rechtsweg gegen jede lokal- und landespolizeiliche Verfügung, „von welcher Gattung sie sein mögen," unbeschränkt zulässig, sowohl über die Verpflichtung zum Gehorsam als über den Schadenersatz. Dem Richter allein stand die Prüfung zu, ob der Anspruch materiell unbegründet, oder ob ein prozessualisches Verfahren darüber unzulässig sei, weil der Rechtsweg durch Gesetz oder Verfassung ausgeschlossen war. Nur die Prüfung der Nothwendigkeit und Zweckmäßigkeit war insofern dem richterlichen Arbitrium entzogen, wenn die Klage beruhte:

a. auf einer Verletzung der allgemeinen bürgerlichen Freiheit und der Prinzipien vom freien Genuß seines Eigenthums;
b. oder auf einem speziellen Rechtstitel, vermöge dessen der Kläger das, der durch die Polizei-Verfügung angeordneten Verbindlichkeit, entgegenstehende Recht gültig erworben zu haben behauptete.

In diesen beiden Fällen sollte sich die richterliche Beurtheilung nur über die Gültigkeit des speziellen Rechtstitels an sich und die daraus entstehenden rechtlichen Folgen, so wie darüber erstrecken, ob und in wie weit, unter vorausgesetzter Nothwendigkeit und Zweckmäßigkeit der Verfügung ein Entschädigungsanspruch wegen derselben dem Kläger nach den Gesetzen zusteht.

Ueberall dagegen, wo sich herausstellt, daß die Verfügung einer ausdrücklichen Disposition der Gesetze direkt zuwiderläuft oder wo grobe Fahrlässigkeit der Behörde oder gar eine vorsätzliche Beeinträchtigung zu Grunde liegt, soll die richterliche Einwirkung in vollem Umfange eintreten. Der Richter war dann sogar befugt, die etwa verfügte Administrativ-Exekution zu sistiren.

Erst durch das Gesetz vom 11. Mai 1842 (Gesetz-Sammlung Seite 192) wurden die allgemeine bürgerliche Freiheit und die Prinzipien vom freien Genuß des Eigenthums des richterlichen Schutzes entkleidet und dem Ermessen der Verwaltung preisgegeben, erst durch dieses Gesetz wurde dem Richter die Prüfung der Gesetzmäßigkeit der polizeilichen Verfügungen entzogen. Der Rechtsweg ist fortan gegen polizeiliche Verfügungen überhaupt nur zulässig, wenn die Verletzung eines zum Privateigenthum gehörigen, also eines bereits erworbenen Rechts, um deshalb behauptet wird, weil:

a. durch dieselbe ein solcher Eingriff in die Privatrechte geschehen sei, für welchen nach den gesetzlichen Vorschriften über Aufopferungen der Rechte und Vortheile des Einzelnen, im Interesse des Allgemeinen, Entschädigung gewährt werden muß, §. 4;

b. wenn derjenige, welchem durch eine polizeiliche Verfügung eine Verpflichtung auferlegt wird, die Befreiung von derselben auf Grund einer besonderen gesetzlichen Vorschrift (Privilegium) oder eines speziellen gegen die verfügende Behörde erworbenen Rechtstitels (Vertrag oder Verjährung) behauptet, §. 2.[95])

In beiden Fällen kann jedoch des Widerspruches ungeachtet die Verfügung zur Ausführung gebracht werden, wenn solches nach dem Ermessen der Polizeibehörde ohne Nachtheil für das Allgemeine nicht ausgesetzt bleiben kann; erst nach ergangenem rechtskräftigen Erkenntniß muß die Polizeibehörde im Falle b, dessen Bestimmung bei ihren weitern Anordnungen beachten.

Jeder Staatsangehörige muß also, wenn die Polizei befiehlt, gehorchen, mag ihm der Befehl auch gesetzwidrig scheinen oder es wirklich sein. Gehorcht er nicht augenblicklich, so kann er hierzu sowohl von den Landespolizeibehörden, den Regierungen, welchen schon §. 48 Nr. 2 der Verordnung von 1808 die Befugniß, ihre Exekutiv-Gewalt durch Ordnungsstrafen bis zu 100 Thlr. oder vierwöchentlichem Gefängniß durchzusetzen, beilegt, als auch durch jede Lokal-Polizeibehörde (Polizeiverwalter auf dem Lande) gezwungen werden, da auch diesen nach §. 20, Gesetz vom 11. März 1850 über die Polizei-Verwaltung (Gesetz-Sammlung Seite 268) das Recht bestätigt ist, ihre polizeilichen Verfügungen durch Anwendung der gesetzlichen Zwangsmittel durchzusetzen. Wer es unterläßt, dasjenige zu thun, was ihm von der Polizeibehörde in Ausübung dieser Befugniß

---

[95]) Der Vertrag muß abgeschlossen sein mit derjenigen Behörde, von welcher die polizeiliche Verfügung ausgeht. Ein mit dem Domänen- oder Forstfiskus geschlossener Vertrag hindert die Regierung nicht, in ihrer Eigenschaft als Staatspolizeibehörde das Entgegengesetzte vorzunehmen, dem Inhalt des Vertrages zuwiderzuhandeln. J. M. Bl. 1852 S. 201. Trotz eines Vertrages, welchen Fiskus mit einem Badearzt geschlossen und in welchem ihm eine Tantième aus der Badekasse unter Hinweis auf eine bestehende Bade-Ordnung zugesichert worden, kann die Regierung die Bade-Ordnung aus polizeilichen Rücksichten abändern. Der Badearzt kann nicht Wiederherstellung der Bade-Ordnung, sondern nur Entschädigung ex §. 4 fordern.

geboten worden ist, hat zu gewärtigen, daß es auf seine Kosten zur Ausführung gebracht werde — vorbehaltlich nach der etwa verwirkten Strafe und der Verpflichtung zum Schadenersatze. Ein Rechtsweg gegen diese Ordnungsstrafen[96]) findet nie statt, nur Beschwerde bei der vorgesetzten Verwaltungsstelle. So wird die persönliche Freiheit, welche nach dem Gesetz vom 12. Februar 1850 (Gesetz-Sammlung Seite 45) nur durch den Richter beschränkt werden soll, durch ein wenige Wochen späteres Gesetz wieder der Polizei preisgegeben, als ob eine Beraubung der persönlichen Freiheit dadurch weniger empfindlich wird, daß sie „Ordnungsstrafe" heißt.

So kann die Polizei Alles durchsetzen, ohne eines Gesetzes oder Rechtes zu bedürfen, indem sie in jedem einzelnen Falle gegen jeden Einzelnen verfügt und den Gehorsam durch solche „Ordnungsstrafen" erzwingt. Behauptet der Betroffene, daß die Maßregeln gesetzwidrig seien, so entscheidet in letzter Instanz derselbe Minister, von dem vielleicht die Instruktion, so zu handeln, ausgegangen ist. Denn dem Richter ist es absolut untersagt, die Gesetzmäßigkeit polizeilicher Verfügungen und Beschlagnahmen einer Kritik zu unterziehen;[97]) und der Kompetenz-Gerichtshof unterzieht sich einer materiellen Prüfung, ob die Verfügung gesetzlich, oder auch nur zum Ressort der Polizei gehöre, grundsätzlich nicht, denn zur „Begründung des Kompetenz-Konflikts genügt es vollkommen, daß überhaupt eine polizeiliche Anordnung vorliegt, daß die Handlung von der vorgesetzten Behörde für eine Amtshandlung erklärt worden," [98]) oder wenn die Behörde nur erklärt, daß ihre Anordnung eine polizeiliche gewesen, wiefern nur die Behörde als Organ der Polizeigewalt erachtet werden kann.[99])

---

[96]) Nicht zu verwechseln mit den Strafen, welche die Polizeibehörden wegen Uebertretung von Polizeigesetzen festsetzen und gegen welche nach dem Gesetz vom 14. Mai 1852 (G. S. S. 48) der Rekurs an den Richter zulässig ist.

[97]) Auch nicht einmal darüber, ob eine Baupolizei-Ordnung, auf Grund deren ein Bauherr im Wege der Ordnungsstrafen zur Wegnahme des Baues gezwungen worden, zur Zeit des Baues bereits publizirt war. J. M. Bl. 1855 S. 35, daß die betreffende Verfügung einer bestehenden Allg. Polizei-Ordnung gradezu widerspreche. J. M. Bl. 1859 S. 382.

[98]) J. M. Bl. 1856 S. 128.

[99]) J. M. Bl. 1853 S. 163. Ein auf der Dorfstraße befindlicher Brunnen war von dem Rittergutsbesitzer, der zugleich Polizei-Verwalter, zugeschüttet worden. Kläger behauptete, daß er hierdurch in seiner Servitut Wasser zu schöpfen

Damit der Richter auch nicht auf einem Umwege über die Gesetzmäßigkeit und Rechtmäßigkeit einer polizeilichen Verfügung entscheide, sind nicht nur Besitzstörungs-Klagen, welche zwischen zwei Privatpersonen schwebten, vom Rechtsweg verwiesen worden, sondern es ist das richterliche Gehör auch über Entschädigungsklagen, welche nicht formell auf §§. 2 und 4 des Gesetzes, sondern hauptsächlich auf die Gesetzwidrigkeit der polizeilichen Verfügung gegründet waren, abgeschnitten worden.[100])

---

verletzt worden, und daß die Zuschüttung nur um deshalb vorgenommen worden, weil der Polizei-Verwalter den Grund und Boden des Brunnens für sein Eigenthum gehalten habe. Die Klage wurde vom Rechtsweg gewiesen, weil der Landrath während des Prozesses erklärte, daß der Verklagte im öffentlichen Interesse zur Wegschaffung des die Passage verengenden Brunnens angewiesen worden. J. M. Bl. 1856 S. 128. Der Sohn eines Gutsbesitzers und Polizeiverwalters hatte einem Viehtreiber wegen mangelnder Legitimation ein Schwein gepfändet und dann dem Landrath den Fall angezeigt. Das Schwein war verkauft worden. Die Klage auf Rückgabe des Schweins wurde vom Rechtsweg gewiesen, weil die Verfügung eine polizeiliche gewesen. J. M. Bl. 1855 S. 215.

In dem Falle J. M. Bl. 1853 S. 139 wird dagegen der Rechtsweg gegen eine, einen Weg absperrende Maßregel eines Magistrats zugelassen, weil die Absperrung nicht aus Gründen des Gemeinwohls erfolgt sei.

Auch das Ober-Tribunal legt hinsichtlich der Zulässigkeit des Rechtsweges kein Gewicht darauf, ob eine Polizeibehörde ihre Kompetenz überschritten, ob z. B. ein Magistrat in einer Sache verfügt hat, welche dem Deichhauptmann zukommt, weil das G. v. 1842 den Rechtsweg über die Gesetzmäßigkeit absolut ausschließe. Striethorst Bd. 3. S. 135:)

[100]) Justiz-Ministerial-Blatt 1852 S. 277; 1856 S. 323; 1858 S. 361. — Unserer Ansicht nach eignet sich jede Entschädigungs-Klage zum Rechtsweg. Der Grund, welcher in den beiden Fällen (1851 S. 154, 1859 S. 216) angegeben ist, wo die Inhaber einer Real-Schankgerechtigkeit auf Entschädigung klagten, weil ihnen von der Polizeibehörde die gesetzlich zum wirklichen Betriebe der Schankwirthschaft erforderliche Gewerbe-Konzession aus angeblich unzureichenden Gründen versagt worden war, daß nämlich „die Geltendmachung einer solchen Forderung darauf zurückführen würde, ob die Erlaubniß mit Grund, also rechtmäßig versagt sei," dürfte nicht stichhaltig sein. Einmal handelt es sich in erster Linie um diese Frage gar nicht, sondern nur darum, ob das erworbene Realrecht einen unentziehbaren Titel zum Betriebe der Schankwirthschaft gewähre, und ob deshalb die Versagung der Erlaubniß trotz des Vorhandenseins der nach dem Gesetz erforderlichen allgemeinen Fähigkeit zum Gewerbebetriebe einen Eingriff in wohlerworbene Privatrechte enthalte, für welche der Staat Entschädigung zu gewähren hat, oder ob dies erworbene Realrecht durch das entgegenstehende Hoheitsrecht der Konzessions-Ertheilung eliminirt wird, und ob sich der Realberechtigte dieser gesetzlichen Beschränkung seines Eigenthums unterwerfen

Damit endlich die Energie der Verwaltungs-Beamten bei Vollziehung der ihnen gewordenen Befehle nicht durch Furcht vor Regressen gelähmt werde, ist durch §. 6 des Gesetzes von 1842 bestimmt worden, daß ein Entschädigungs-Anspruch gegen die Person der Be-

---

muß. Sodann würde dieser Grund zu viel beweisen. Denn da in allen Fällen wo der Staat etwas wegnimmt und dann seine Pflicht zur Entschädigung bestreitet, der Richter eine solche nur zusprechen darf, wenn er findet, daß dem Staat kein Recht zu der Handlung beiwohnt, daß der Staat also rechtswidrig und gesetzwidrig gehandelt habe, so würde, falls der Grund des Kompetenz-Gerichtshofes richtig wäre, der Staat sich überhaupt jeder Entschädiguug wegen eines Eingriffes in Privateigenthum dadurch entziehen können, daß er behauptet, hierbei nur in Ausübung eines seiner Hoheitsrechte, z. B. der Oberaufsicht, also völlig recht- und gesetzmäßig gehandelt zu haben, was allem anerkannten Gesetz und Recht widersprechen und jenes epigrammatische: **Res fisci est ubicunque natat. Juvenal Satir. IV**, verwirklichen würde.

Das Gesetz von 1842 enthält endlich den entgegengesetzten Grundsatz. Nach §. 4 ist die Frage, ob ein Eingriff in erworbene Rechte aus Gründen des öffentlichen Wohls geschehen, ausdrücklich dem Richter zur Entscheidung überwiesen. Da nun diese Frage nur dann streitig werden kann, wenn der Staat seine Verpflichtung zur Entschädigung negirt, und da wiederum eine solche Negation nur stattfinden kann, wenn der Staat behauptet, daß er zur Vornahme der verletzenden Handluug vermöge seines Hoheitsrechtes oder eines speziellen gesetzlichen oder privatrechtlichen Titels befugt gewesen, da der Richter also erst durch Prüfung und Verwerfung dieser Einwendungen zu dem Schluß kommen kann, daß ein Eingriff vorhanden, so ist hierdurch bewiesen, daß wenn das Gesetz dem Richter die Entscheidung darüber zugesteht, ob ein Eingriff vorhanden, darin auch nothwendigerweise die Befugniß ausgesprochen ist, über die Recht- und Gesetzmäßigkeit von Verwaltungsmaßregeln zu urtheilen.

Dieses durch das Gesetz von 1842 dem Richter nachgelassene Recht wird also durch die Praxis des Kompetenz-Gerichtshofes entschieden verkümmert.

Diese Grundsätze widersprechen auch der allgemeinen Theorie. Stahl, welcher in der Ausschließung des Rechtsweges am weitesten geht, lehrt, l. c. 614, ausdrücklich, daß die Entschädigung immer ein privatrechtliches Verhältniß sei, daß daher die Klagen stets vor den Richter gehören, wenn Entschädigung wegen Ausübung eines Hoheitsrechts oder wegen Ueberschreitung des der Administration zugewiesenen Amtskreises gefordert wird. Einige Seiten später, S. 660, sagt er allerdings zur Bekämpfung der Ansicht Pfeiffer's (praktische Ausführung III S. 197 ff.), welcher lehrt, daß der Rechtsweg ganz unbeschränkt für jedes Privatverhältniß zulässig sein müsse, aber nicht gegen den Akt selbst, sondern nur wegen der Entschädigung: „Diese Theorie ist nicht richtig, weil die Gerichte dann doch über die Rechtmäßigkeit des Regierungs-Aktes erkennen, und praktisch unausführbar, weil auch keine Verwaltung bestehen kann, wenn sie steten Entschädigungsklagen ausgesetzt wäre.“

amten oder Kollegien nur dann zulässig sein soll, wenn die polizeiliche Verfügung im Wege der Beschwerde als gesetzwidrig oder unzulässig aufgehoben worden ist. Schutz gegen das vor 1848 den Gerichten unbeschränkt zustehende Recht zur Einleitung von Kriminaluntersuchungen gewährte §. 252 Anh. zur Allgem. Gerichts-Ordnung, wonach gerichtliche Untersuchungen gegen Regierungs-Beamte über bloße Dienstvergehungen nur mit Genehmigung der vorgesetzten Dienstbehörde gestattet waren. Dieser Schutz hörte freilich mit Artikel 95 der Verfassung vom 5. Oktober 1848, übergegangen in Artikel 97 der Verfassungs-Urkunde vom 31. Januar 1850, auf:

„die Bedingungen, unter welchen öffentliche Civil- und Militär-Beamte wegen durch Ueberschreitung ihrer Amtsbefugnisse verübter Rechtsverletzungen gerichtlich in Anspruch genommen werden können, bestimmt das Gesetz. Eine vorgängige Genehmigung der vorgesetzten Dienstbehörde darf jedoch nicht verlangt werden."

Doch dafür hatte die Staatsregierung das vordem nicht besessene ausschließliche Recht zur Erhebung von Anklagen durch das Organ der Staatsanwaltschaft erhalten.

Durch das Gesetz von 1842 konnten indeß die Exekutivbeamten, welche, wie das Militär und die Gensdarmerie, kraft der ihnen verliehenen Amtsgewalt, nach Umständen ohne Verfügung oder Anweisung der Obern selbstständig handeln müssen, so wie diejenigen Polizeibeamten, welche offenbare Amtsexesse begangen hatten, nicht geschützt werden,[101]) wie denn überhaupt der Konflikt aus dem Gesetz von 1847 nur in denjenigen Fällen erhoben werden konnte, welche an und für sich gesetzlich der Kompetenz der Gerichte entzogen waren,[102]) also namentlich in allen rein fiskalischen Sachen.

---

[101]) Anerkannt für Entschädigungsklagen gegen Gensdarmerie. 1854 S. 395, 1858 S. 91.

Im Erk. v. 3. Juni 1848, Sydow S. 65. wird dagegen schon die von einem bei einem Tumult durch Säbelhiebe Verletzten gegen den Obersten des Regiments angestellte Entschädigungsklage vom Rechtsweg gewiesen, weil dadurch die Selbstständigkeit der Verwaltungs-Behörden aufgehoben und ihre ganze amtliche Thätigkeit der richterlichen Beurtheilung unterworfen und ihre Autorität völlig gelähmt würde, indem die Untergebenen Bedenken tragen müssen, Aufträge auszurichten, ohne vorher zu prüfen, ob die Handlung nicht eine solche sei, welche künftig von den Gerichten für rechtswidrig erachtet werde.

[102]) 1855 S. 407.

Diese Lücken sind nunmehr vollständig, und zwar in einem weit über den Zustand vor 1848 hinausgehenden Maße durch das Gesetz vom 13. Februar 1854 (Ges.-Samml. S. 87) ausgefüllt worden. Hiernach ist jeder Provinzial- und Central-Behörde, jedem Divisions-Kommandeur und kommandirenden General gestattet, bei allen gegen einen Verwaltungsbeamten oder gegen eine Person des Militärstandes wegen deren Amtshandlungen eingeleiteten Civil- und Strafklagen den Konflikt zu erheben, falls diese Behörden glauben, daß ihrem Untergebenen eine zur gerichtlichen Verfolgung geeignete Ueberschreitung seiner Amtsbefugnisse nicht zur Last fällt. Diese Befugniß steht ihnen auch zu, wenn der Beamte bereits ausgeschieden ist und wenn Entschädigungs-Ansprüche gegen die Erben des Beamten erhoben werden. Der Kompetenz-Gerichtshof hat bei einem Konflikt, der aus diesem Gesetz von 1854 erhoben wird, nicht nur zu prüfen, ob eine Ueberschreitung der Amtsbefugnisse stattgefunden hat, sondern auch, ob die Amtsüberschreitung zur gerichtlichen Verfolgung geeignet ist, z. B. ob der Beamte bloß aus Irrthum gehandelt oder ob die Widerrechtlichkeit bei ihm zum Bewußtsein gekommen ist.[103])

Durch dieses Gesetz ist der letzte Ring zur Kette vollendet, mit welcher die Verwaltung Verfassung und Justiz umzieht. Nur derjenige Verwaltungsbeamte kann jetzt noch vor Gericht gestellt werden, welchen die Regierung fallen lassen will. Keine Klage wegen einer von der Regierung ausgehenden Gesetz- oder Verfassungsverletzung darf an den richterlichen Stuhl bringen, wenn der Kompetenz-Gerichtshof es nicht gestattet. Die Art der Zusammensetzung dieser Behörde gewährt keine sichere Bürgschaft dafür, daß dieses souveräne Oberrichteramt nach den Grundsätzen der Gerechtigkeit ausgeübt wird.

---

[103]) Weil Letzteres verneint worden, ist der Konflikt in dem Falle J. M. Bl. 1856 S. 91. für begründet erachtet worden, wo ein Polizei-Verwalter, um einem Gläubiger zu einer Forderung von 5 Thlr. gegen den vom Ort weggezogenen Schuldner zu verhelfen, an die Behörde des neuen Aufenthaltsortes eine Requisition erlassen, diese 5 Thlr. im Administrations-Exekutiv-Wege einzuziehen und im Unvermögensfalle den Schuldner durch Gendarmerie zurücktransportiren zu lassen, damit er wegen Betruges der Staatsanwaltschaft überwiesen werden könne. Der ersteren Alternative der Requisition wurde genügt. Es stellte sich aber heraus, daß der Betroffene gar nichts schuldig war. Es wurde deshalb gegen den Polizei-Verwalter die Kriminal-Untersuchung wegen Mißbrauchs seiner Amtsgewalt erhoben.

Die Regierung hat es wenigstens in ihrer Hand, sich stets eine ihr vollständig ergebene Majorität in dem Kollegio zu bilden. Daß die Regierung bisher von diesem Recht keinen Gebrauch gemacht hat, daß die einmal ernannten Mitglieder nicht willkürlich abgesetzt worden sind, daß der Gerichtshof, wie der ehemalige Justizminister Simons in der Sitzung des Abgeordneten-Hauses vom 16. März 1859 rühmte, die ihm eingeräumte Jurisdiction ohne vorgefaßte Meinung und ohne die Absicht, ein bestehendes Recht zu kränken, ausgeübt hat, daß er in manchen Fällen den Rechtsweg zugelassen hat, wo derselbe von den Gerichten ausgeschlossen worden ist, kann nicht als Argument für die Vertheidigung der Institution überhaupt gebraucht werden; denn alle bösen Beispiele haben einen guten Ursprung gehabt, Sallust. bell. Caes. 51, und die Sicherheit der Person und des Eigenthums darf nie und nimmermehr lediglich von dem guten Willen der Regierung abhängig gemacht werden. Eine Institution, die in so bedenklicher Weise Recht und Verfassung gefährden kann, darf nicht länger aufrecht erhalten werden. Die Gerechtigkeit, welche der Staat ertheilt, ist keine Gnade, die er spendet, sondern ein Recht, welches den Unterthanen nicht vorenthalten werden darf. Diese stete Bedrohung des Rechtszustandes wird auch dadurch nicht vollständig beseitigt, daß der Gerichtshof aus lebenslänglich angestellten Mitgliedern oder aus dem Staatsrath (Gneist), oder aus dem Schooß des Herrenhauses (Stahl l. c. 451) gebildet wird. Der Grundgedanke der Existenz einer solchen Institution enthält stets einen Freibrief für die Regierung, aus Gründen der Zweckmäßigkeit ungerecht handeln zu dürfen. Schon der ausgesprochene Zweck einer solchen Institution: Eingriffe der Justiz in die Verwaltung zu verhindern, muß nothwendigerweise dahin führen, das Gebiet der Verwaltung auf Kosten der Justiz zu erweitern und den Rechtsgrundsatz, daß Ausnahmegesetze, was alle Gesetze, welche den Rechtsweg beschränken, entschieden sind, nicht ausdehnend zu interpretiren oder analogisch anzuwenden, überall da zu verletzen, wo die Verwaltung ein Interesse hat, daß ihre Grundsätze der richterlichen Kontrole entzogen werden.[104]) Der theoretische Rechtfertigungsgrund,[105]) weshalb den

[104]) Deshalb ist auch in den Entscheidungen des Kompetenz-Gerichtshofes vielfach ausgesprochen, daß wo das „öffentliche Interesse" konkurrire, der Rechtsweg ausgeschlossen werden müsse, wenn nicht ein spezielles Gesetz denselben zulasse; die Ausnahme wird also zur Regel erhoben. Daß das Ober-Tribunal in

Gerichten die Entscheidung über ihre Kompetenz nicht überlassen werden kann, weil ihnen damit die gesammte Staatsgewalt untergeordnet werde, und weil eine neutrale Macht da eintreten müsse, wo die Ideen der Gerechtigkeit und der öffentlichen Zweckmäßigkeit mit einander in Konflikt gerathen, kann in einem Staat Bedeutung haben, wo die Gerichte noch mit der vollen Machtvollkommenheit der weiland Reichsgerichte bekleidet sind, wo die Regierung durch Richterspruch zur Vornahme oder zur Unterlassung einer jeden Maßregel der innern Verwaltung verurtheilt werden kann. Dieses Argument mag ferner gebraucht werden in einem Staat, wo das Prinzip der Volkssouveränetät anerkannt ist, und darum ist das Institut eines besonderen Gerichtshofes über Entscheidung von Kompetenz-Konflikten auch in die deutschen Grundrechte vom 27. Dezember 1848 aufgenommen worden.

In einem Staat, wo der Richter auf das Anrufen der Partei nur darüber zu erkennen hat, ob ein zum „Privateigenthum" des Klägers gehörendes Recht verletzt worden; in einem monarchischen Staat, wo der Fürst im Gericht nur die Norm anwendet, welche der Fürst als Gesetzgeber sanktionirt hat, kann von einer Unterordnung der Verwaltung nicht die Rede sein, wenn sie durch den Ausspruch des Richters veranlaßt wird, überall nach den Gesetzen zu handeln, weil der König in der Kammer (Regierung) das befolgen muß, was er im Gericht als dem Gesetz, dem „Ethos des Staats" entsprechend anerkannt hat. Mit diesem Argument mag man es im äußersten Falle rechtfertigen wollen, daß der Gesetzgeber überhaupt Justizsachen dem Rechtsweg entziehen und der Verwaltung zur materiellen Entscheidung überweisen dürfe. Nimmermehr wird man aber damit beweisen können, daß nun auch den Gerichten noch die Prüfung der Frage, ob ein solches den Rechtsweg ausschließendes

---

manchen Fällen der den Rechtsweg über den Wortlaut des Gesetzes verengenden Praxis des Kompetenz-Gerichtshofes beigepflichtet, kommt lediglich daher, weil es den Standpunkt des Kompetenz-Gerichtshofes: Eingriffe der Justiz in die Verwaltung zu vermeiden, eingenommen hat, während das Resultat wohl ein anderes gewesen sein dürfte, wenn die Frage von dem Gesichtspunkt: ob ein Eingriff der Verwaltung in die Justiz vorliege, beurtheilt worden wäre. Hieraus erklären sich auch die mannichfachen, bereits hervorgehobenen Schwankungen in der Praxis des höchsten Gerichtshofes.

[105]) cfr. Stahl l. c. S. 646, Hartmann l. c. S. 4.

Gesetz im konkreten Streitfall vorhanden sei, entzogen werden müsse. Der wahre Grund kann vielmehr nur darin gesucht werden, weil die Regierung dem Richter nicht zutraut, daß er diese Frage unparteiisch entscheiden werde, oder weil sie nicht will, daß diese Frage unparteiisch d. h. nach den Grundsätzen der Gerechtigkeit (vielmehr nach denen der Zweckmäßigkeit) entschieden werde. Gegen das letztere Motiv helfen keine Argumente. Zur Entkräftung des Ersteren braucht nur darauf aufmerksam gemacht werden, daß die Preußischen Gerichtshöfe, insbesondere das Obertribunal[106]), nachgewiesenermaßen sich in allen ihrer freien Entschließung überlassenen Sachen der Prüfung ihrer Kompetenz mit voller Unparteilichkeit unterzogen und mit einer seltenen Selbstbeschränkung ihrer Thätigkeit die allerengsten Grenzen gezogen haben.

Die Verwaltung ist dagegen stets bemüht gewesen, anerkannte Justiz-Sachen dem Rechtsweg zu entziehen, um jede Kritik des Richters über die Recht- und Gesetzmäßigkeit ihrer Maßregeln auszuschließen.[107]) Unter der Aegide des Kompetenz-Gerichtshofes ist die Verwaltung so übermächtig geworden, daß sie sich über den Inhalt der richterlichen Erkenntnisse hinwegsetzt[108]) und das Ansehen der Justiz und damit das Vertrauen zur Gerechtigkeit des Staats untergräbt. Die Institution des Kompetenz-Gerichtshofes muß daher fallen, dem Richter muß seine Kompetenz wie vor den Jahren 1828 und 1842 wie-

[106]) An das Obertribunal können alle Sachen über 50 Thlr. im Wege der Nichtigkeitsbeschwerde gebracht werden. Für Bagatellsachen bildet das Appellations-Gericht die letzte Instanz. Könnte nicht, wie dies bei Uebertretungen bereits durch Art. 129 des Gesetzes vom 3. Mai 1852 geschehen ist, der Staatsanwaltschaft die Befugniß verliehen werden, auch in allen das Staatsinteresse berührenden Bagatellsachen im Interesse der Einheit der Rechtspflege die Nichtigkeitsbeschwerde zu erheben?

[107]) Daher hat das Königl. Staatsministerium es für nöthig gefunden, die Verwaltungsbehörden anzuweisen, von der ihnen durch das Ges. v. 13. Februar 1854 beigelegten Befugniß zur Erhebung des Konfliktes einen dem Sinn des Gesetzes mehr entsprechenden Gebrauch zu machen. J. M. Bl. 1860 S. 426.

[108]) cfr. noch J. M. Bl. pro 1855 S. 201, 1858 S. 356, 1859 S. 432, wo sanktionirt ist, daß, wenn das Gericht von der Anklage der Defraudation freigesprochen hat, weil die Waare nicht steuerpflichtig, die Erhebung der Steuer also gesetzwidrig gewesen, die Steuerbehörde dennoch trotz der Freisprechung die Zurückgabe der konfiszirten Waare weigern, ja sogar von dem Freigesprochenen die Steuer nachträglich im Steuer-Exekutivwege einziehen kann, ohne daß gegen diese Annullirung des richterlichen Erkenntnisses ein Rechtsweg zulässig wäre.

der gegeben werden, damit das Recht, welches jetzt unter dem Schatten der Verwaltung kümmerlich fortlebt, sich wieder mit frischer Kraft entfalten und seine befruchtenden und erhaltenden Triebe in alle Adern des Staatslebens entsenden könne, und damit die Justiz, einst genannt[109]) „das nächst dem Wort Gottes allerbeste und unschätzbarste Kleinod aller Länder und eine Grundfeste des Regentenhauses," die ihr seit Alters her[110]) in Preußen zugewiesene Machtstellung als „Grundsäule des Staates" wieder einnehmen möge.

[109]) Von dem großen Kurfürsten in der Prozeß-Ordn. des Herzogthums Magdeburg vom 3. Januar 1688.

[110]) In der von Friedrich Wilhelm I. erlassenen Allgemeinen Ordnung vom 21. Juni 1713.

Nachwort.

Während der Vorbereitung dieser Schrift zum Druck sind drei Gesetzentwürfe dem Hause der Abgeordneten vorgelegt worden, deren einer die Beschränkung des Rechtsweges in Beziehung auf die Ansprüche der Staats-Beamten wegen ihrer Diensteinkünfte und auf öffentliche Steuern im Allgemeinen, insbesondere der Stempelsteuer, Kirchen-, Pfarr- und Schulabgaben zum Theil aufhebt, deren zweiter den Rechtsweg in Beziehung auf polizeiliche Verfügungen erweitert, und deren dritter das Gesetz vom 13. Februar 1854, soweit sich dasselbe auf Civil- und Militärbeamte bezieht, aufhebt und dasselbe nur hinsichtlich der Personen des Soldatenstandes fortbestehen läßt. Der Gerichtshof zur Entscheidung der Kompetenz-Konflikte und das Verfahren vor demselben ist unverändert geblieben.

Druck von J. Blumenthal in Berlin, Adlerstr. 9.

FSC
www.fsc.org
MIX
Papier | Fördert gute Waldnutzung
FSC® C083411

Kolibri 360 GmbH
Ferdinand-Jühlke-Straße 7
99095 Erfurt, Deutschland
produktsicherheit@kolibri360.de